피터 럭크만의 주석서

야 고 보 서

피터 럭크만 지음

편 집 부 옮김

말씀보존학회

THE BIBLE BELIEVER'S COMMENTARY

THE GENERAL EPISTLE OF JAMES

By

Peter S. Ruckman, Ph.D.

2001 / Korean by Word of God Preservation Society

Seoul, Korea

피터 럭크만의 주석서

야고보서

이 책을 내면서

하나님의 말씀은 성도의 영적 삶을 영위하기 위한 양식임과 동시에 모든 교리의 잣대이다. 오늘날 기독교라 칭하는 많은 교회들이 있지만, 그들이 가르치는 교리들이 그렇게도 잘못되어 있는 것은 하나님의 말씀으로 모든 교리의 잣대를 삼지 않기 때문이다. 참으로 성경은 우리가 믿고 가르치고 행하는 모든 것들을 하나씩 제시해 주고, 또 잘못 가르치고 행하는 부분이 있으면 그것들을 옳게 판단해 주고 있는데, 사람들은 성경을 통해서 자신의 생각이나 교단의 교리들을 판단받으려 하지 않는다.

교리의 혼란은 곧 믿음의 혼란을 가져오며, 그것이 성도들을 우왕좌왕하게 만드는 것은 물론이다. 특별히 야고보서는 신약성경 가운데서 특별히 행위를 강조하고 있기 때문에 많은 논쟁을 가져온 책이다. 이 논쟁에 있어서 믿음을 주장하는 사람들은 로마서를, 또 행위를 주장하는 사람들은 야고보서를 사용했던 것이 사실이다. 그러나 야고보서를 사용해서 행위를 주장하는 사람들 어느 누구도 이 책을 올바로 사용함으로써 참된 행위의 모습이 무엇인지 알지 못한다는 데에 문제가 있다.

야고보서는 이 시대의 죄인들이 구원받기 위해 행위가 필요하다고 절대로 말하지 않는다. 본 주석서에서 피터 럭크만 박사님이 밝히고 있거니와, 야고보서에서 발생하는 이 문제는 야고보서의 저자와 수신자와 적용되는 대상과, 또 무엇보다도 하나님의 경륜 가운데서 이 책이 설정하고 있는 시대가 어떤 시대인지를 알게 되면 명확하게 해결될 수 있다.

우리는 이미 히브리서를 낸 바 있지만, 히브리서와 야고보서는 동일한 대상을 향해 동일한 관점으로 전개되고 있는 책이다. 야고보서와 마찬가지로 히브리서도 그 교리적 문제 때문에 신약성경 가운데서 많은 혼란을 가져왔었던 책이다. 하지만 우리는 히브리서 주석을 통해 모든 난해 구절들과 어려운 교리들을 해결할 수 있었다. 마찬가지로 우리는 이제 야고보서 주석을 통해 야고보서에서 발견되는 행위와 부자들에 관한 문제를 해결할 수가 있을 것이다.

그런가 하면, 하나님의 말씀은 또한 “거울”(약 1:23)과 같다. 야고보가 친히 강조하고 있는 바와 같이, 성도들은 하나님의 말씀이라는 거울을 지속적으로 봄으로써 자기 자신의 현재의 모습을 발견하고, 또 내가 고쳐야 할 점들을 발견하게 되는 것이다. 누구라도 하나님의 말씀을 읽지 않고 자기 자신의 참된 모습을 알 수 없다. 누구라도 하나님의 말씀 없이 자기 자신의 추한 모습을 볼 수 없으며, 누구라도 하나님의 말씀 없이 자기의 모습을 씻을 수도 없다. 성경은 그런 책이다. 성경은 우리의 삶의 모든 지침을 제공해 준다. 아무도 성경 없이 참된 길을 걸을 수 없다. 하나님의 말씀 없이 인생을 살려고 하는 것은 마치 어두운 밤바다를 지나가면서 나침반도 없이 항해하는 것과 같다. 그것도 요동하는 바다에서 말이다(약 1:6).

따라서 본 주석서는 교리적인 설명으로만 일관하지 않는다. 오히려 우리 성도들에게 영적인 양식을 공급해 주어, 모든 성도들이 자기 자신의 참된 모습을 보며, 날마다 주님만을 의뢰하며 살아야 한다는 것, 참된 믿음의 생활, 그리스도의 군사로서 행해야 할 일 등을 여러 가지 사례들을 통해 강조하고 있다. 참으로 우리는 이 책을 통해 성도들의 삶이 어떠해야 하는가를 깊이 있게 발견할 수 있는 것이다.

언급했듯이 야고보서는 교리적으로 어려운 책이다. 이를 가리켜 히브리서에서는 “단단한 음식”(히 5:14), 즉 질긴 고기와 같다고 말한다. 즉 교리적인 질긴 고기인 것이다. 그러나 하나님의 말씀이 우리에게 “단단한 음식”을 줄 때는, 단순하게 신학자들의 지식욕을 채워 주기 위해 주시는 것이 아니다. 이것 역시 영적인 양식으로서, 때때로 영적으로 어린 사람들이 체하기도 하지만, 장성하여 그리스도의 군사로 서기 위해서는 반드시 먹어야만 하는 양식인 것이다.

아무쪼록 이 한 권의 책이 행위 구원의 거짓 교리로 인해 구원의 길을 놓쳐버린 이들에게 바른 구원의 길을 제시하고, 믿음과 행위 사이에서 갈등하는 많은 성도들에게 참된 교리를 제공하며, 그리스도의 군사로 살려고 하는 성도들에게는 풍부한 영적 양식을 제공해 주는 귀한 책이 되기를 바라 마지않는다.

2001년 2월

편집인

들어가는 말

전체 5장 108절로 구성된 야고보서는 영어 <킹제임스성경>의 경우 총 2,309개의 단어로 되어 있다. 그 기록 연대에 대해서는 대부분의 주석자들이 A.D. 44년경에서 47년경 사이로 보는 게 보통이지만, 나는 그보다 훨씬 이른 A.D. 36년에서 40년경 사이를 기록 연대로 잡는다(스코필드는 A.D. 46년경으로 기록 연대를 비교적 늦춰 잡는다). 내가 이처럼 야고보서의 기록 연대를 다른 사람들보다 이르게 잡는 데에는 물론 그만한 까닭이 있기 때문인데, 이 문제는 야고보서의 기록자가 과연 어떤 야고보냐 하는 문제와 직결되기 때문에 아주 중요하다.

야고보서의 기록 연대는 이 책의 기록자를 사도 요한의 형제인 "세베대의 아들 야고보"(마 4:21; 10:2; 17:1, 막 3:17; 10:35; 13:3, 행 1:13)로 보느냐, 아니면, 마리아와 요셉 사이에서 출생한 "예수님의 아우 야고보"(마 13:55, 막 6:3, 갈 1:19, 행 15:13)로 보느냐에 따라 달라진다. 일반적으로는 대부분 로마 카톨릭 측의 견해를 거리낌없이 받아들여,

야고보서가 예수님의 "사촌" 형제 야고보에 의해 기록되었다고 가르치는 게 보통이지만, 사실은 그렇지 않다.

로마 카톨릭 측은 자신들이 스스로 지어낸 "성모" 마리아의 "만년 동정녀설"이라는 허무맹랑한 교리를 옹호하기 위해서 요셉과 마리아 사이에 육신적으로 출생한 자녀는 하나도 없었다고 주장한다. 따라서 그들은 예수 그리스도에게는 친형제들이 하나도 없었다고 가르치지만, 이것이 터무니없다는 것은 성경이 증명한다. 요셉과 약혼한 사이였으되, 아직은 처녀의 몸이었던 마리아는 성령으로 잉태하여 예수 그리스도를 낳았고(마 1:18, 눅 1:26-38), 그 뒤 남편인 요셉과의 사이에 여러 명의 육신적인 자녀들을 더 낳았다. 이런 점에서 예수 그리스도께는 친아우들과 누이들까지 있었다는 사실이 성경에는 분명하게 명기되어 있다. 그 구절들 몇 군데를 소개하면 다음과 같다.

『**이 사람은 목수의 아들이 아니냐? 그의 모친은 마리아라 하지 않느냐? 또 그의 형제들은 야고보와 요세와 시몬과 유다가 아니냐?**』(마 13:55) 여기서 『**목수의 아들**』이란 물론 예수 그리스도를 지칭한다. 그런데 그분에게는 형제들이 또 있었는데, 『**그의 형제들은 야고보와 요세와 시몬과 유다**』였다고 그 당시 사람들이 증언하고 있고, 이것을 마태가 기록해 놓았다.

『**이 사람은 마리아의 아들이며, 야고보와 요세와 유다와 시몬의 형제인 목수가 아니냐? 또 그의 누이들이 여기 우리와 함께 있지 아니하느냐?" 하며, 그들이 주로 인하여 실족하더라**』(막 6:3). 여기서 『**마리아의 아들**』이 예수 그리스도를 지칭한다는 것은 두말할 나위가 없다. 그분께서는 어렸을 적에 목수였던 요셉의 일을 도왔기 때문에 여기서는 그분까지 『**목수**』로 소개된다. 그런데, 그분에게는 『**형제**』들 뿐만 아니라 『**누이들**』까지 있었다는 사실을 그 당시 사람들이 증언하고 있고, 이것을 마가가 기록해 놓았다.

『**우리에게 다른 사도들이나 주의 형제들이나 게바와 같이 자매 된 아내를 동반할 권리가 없겠느냐?**』(고전 9:5) 예수 그리스도의 형제들 가운데 몇몇은 주님의 제자 그룹에 합류하였고, 그들은 예수님께서 죽으시고 부활 승천하신 다음에도 다른 사도들과 함께 사역했다. 바울은 이들을 『**주의 형제들**』이라고 지칭하고 있다.

『**주의 아우인 야고보 외에는 다른 사도들을 만나 보지 못하였노라**』(갈 1:19). "야고보"라는 이름을 가진 인물이 여럿 있었는지라, 바울은 혼동하지 않도록 주님의 형제였던 야고보를 두고 『**주의 아우인 야고보**』라고 명확하게 구별해서 부르고 있다.

위의 구절들은 예수 그리스도께 육신적인 형제들과 누이들도 있었다는 사실을 뒷받침해 주는 너무나도 강력한 증거가 되기 때문에 로마 카톨릭 측이 대단히 마땅찮게 여기고 거북해 하는 구절들이다. 그래서 그들은 『**야고보와 요세와 유다와 시몬... 또 그의 누이들**』이 사실은 예수 그리스도의 친형제 자매들이 아니라 그분의 "사촌들"이었다고 억지를 부리면서, 예수 그리스도의 모친 마리아가 낳은 자녀들이 아니라 그녀의 언니인 또 다른 마리아, 즉 예수님의 "이모" 격인 여자가 낳은 자녀들이었다고 떼를 쓴다. 말하자면, 요셉과 마리아 사이에 출생한 아들, 즉 『**주의 아우인 야고보**』(갈 1:19)를 『**알패오의 아들 야고보**』(마 10:3, 행 1:13)와 동일 인물이었던 것처럼 우겨대는 것이다.

위의 몇 구절에서 살펴본 바와 같이 예수 그리스도의 형제들 가운데 "야고보"란 이름의 형제가 분명히 있었는데, 그를 가리켜 마가복음 15:40에서는 『**작은 야고보**』라고도 지칭하고 있다.

이 예수님의 아우 "야고보"는 열두 제자 중에 포함되지는 않았지만, 사도행전 15장에 보면, 십자가 사건 이후 유대인들의 회당에서 상당한 영향력을 가졌던 지도자들 중 한 사람이었던 것만은 분명하다(행 15:13-21). 그러나 예수님의 열두 제자 중 한 사람으로 세베대의 아들이었고 사도 요한의 형제였던 "야고보"는 사도행전 12장에서 이미 헤롯에게 죽임을 당했기 때문에, 사도행전 15장에서의 "야고보"는 이 세베대의 아들 야고보가 아니라 예수님의 아우 야고보였다는 데에 추호도 의심의 여지가 없다.

그렇다면, 요한의 형제요, 세베대의 아들 야고보와 예수 그리스도의 아우 야고보, 이 두 사람 가운데 어떤 야고보가 야고보서의 기록자였을까? 만약, 야고보서가 세베대의 아들 야고보에 의하여 기록되었다면, 야고보서의 기록 연대는 그가 죽기 전 사도행전 12장 이전이었음이 명백하고(그는 사도행전 12:2에서 헤롯에게 죽임을 당한다.), 따라서 이 책에서는 믿음으로 말미암아 하나님의 은혜로 받는 구원 등의 내용이 없어야만 이치에 맞는다. 그런데, 아닌 게 아니라 야고보서는 이에 대해 단 한마디도 언급하지 않고 있다.

이 세베대의 아들 야고보는 예수 그리스도의 열두 제자들 중에서 베드로와 요한과 함께 가장 핵심적인 인물이었다. 변형산에서의 "베드로와 야고보와 그의 형제 요한," 올리브 산에서의 "베드로와 야고보와 요한," 겟세마네에서의 "베드로와 야고보와 요한," 이런 식으로 복음서의 주요 장면에서마다 "베드로와 야고보와 요한," "베드로와 야고보와 요

한," "베드로와 야고보와 요한"으로 서술되면서, 마치 한 사람처럼 언급되는 이 세 사람, 즉 핵심적인 주요 제자들 가운데 늘 끼었던 그 야고보가 바로 이 "세베대의 아들 야고보"였던 것이다. 이 세 사람의 핵심 인물들 가운데 시몬 베드로가 자신의 서신서 베드로전・후서를 기록하였고, 사도 요한이 요한 1, 2, 3서 같은 서신서를 기록하였다면, 세베대의 아들 야고보가 서신서를 기록했다는 것은 그의 사도적 위치로 보아 지극히 자연스럽고도 당연한 생각이다.

그는 사도행전 12:2까지 활동하다가 헤롯에게 순교 당했는데, 사도행전 12장까지라면, 바울에게 계시된 것처럼 믿음으로 말미암아 하나님의 은혜로 받는 구원의 복음은 아직 명확하게 전파되기 이전이었는지라, 실제로 이 세베대의 아들 야고보가 은혜의 복음을 전파했다는 행적은 성경 그 어디에서도 발견되지 않는다. 따라서 그가 기록한 서신서인 야고보서 안에서도 "믿음으로 말미암아 하나님의 은혜로 받는 구원"이라든가, "거듭남"이라든가, "그리스도의 몸" 같은 신약 교리들은 일체 찾아볼 수가 없다. 이런 맥락에서 나는 야고보서의 기록자를 이 세베대의 아들 야고보로 지목하는 데에 조금도 주저하지 않는다. 또 그렇기 때문에 야고보서의 기록 연대 또한 서슴없이 사도행전 12장 이전, 즉 A.D. 40년 이전의 어느 시점으로 이르게 잡는 것이 자연스럽다.

반면 주님의 아우 야고보에 대해 말한다면, 그는 사도행전 15장에서뿐만 아니라 21장에서도 여전히 예루살렘 교회의 중심 인물 중 하나로 활동하고 있으면서 사도 바울의 이방인들을 위한 사역에 대해 익히 잘 알고 있는 터였다. 『**그 다음날 바울이 우리와 함께 야고보에게로 가니 모든 장로들이 모였더라. 바울이 그들에게 문안한 후에 그의 사역을 통하여** 하나님**께서 이방인들에게 행하신 일들을 일일이 설명하니 그들이**

이 말을 듣고 주께 영광을 돌리더라』(행 21:18-20). 이러한 처지에 있던 "예수님의 아우 야고보"가 야고보서를 기록했다면, "믿음으로 말미암아 은혜로 구원받는다."라든가, 믿고 은혜로 구원받은 사람이 "그리스도의 몸의 지체가 된다."든가, "거듭남" 등과 같은 신약 교리에 대하여 한마디 암시조차도 하지 않은 채 그토록 침묵으로 일관한다는 것은 도저히 있을 수 없는 일이다. 바로 그렇기 때문에 나는 야고보서가 세베대의 아들 야고보, 즉 사도 요한의 형제 야고보, 복음서에서 "베드로와 야고보와 요한," "베드로와 야고보와 요한" 하고 거듭거듭 거론되는 바로 그 야고보에 의해서 기록된 것으로 보는 게 당연하다고 여기는 것이다. 이 야고보는 사도행전 9장에서 바울에게 일어났던 예수 그리스도의 계시에 대해서 전혀 아는 바가 없는 채로 사도행전 12장에서 헤롯에게 순교당하고 말았다. 야고보서의 기록 연대를 사도행전 12장에서 그가 순교하기 이전, 즉 A.D. 36년에서 A.D. 40년 사이로 잡는 까닭이 바로 여기에 있고, 야고보서에서 은혜의 복음이 암시조차 되지 않고 있는 이유도 바로 여기에 있다.

성경은 어느 경우에나 성경 구절들 안에 내재돼 있는 증거에 의해서만 입증되어야지, 주석자 개인의 생각으로 설명되거나 어느 종교 집단의 그릇된 교리를 정당화시키기 위하여 성경 구절들을 왜곡하고 무시해 가며 무리하게 설명해서는 절대로 안 된다는 것이 모든 정직하고 건전한 성경 해석자들의 생각이고, 이것이 또 나의 지론이다.

이 책에 인용된 성경 구절은 <한글킹제임스성경>입니다.

차 례

야고보서 1장

야고보서가 "널리 흩어져 있는" 유대인 "열두 지파"에게 보낸 서신서라는 사실은 너무나 자명하여 의심의 여지가 있을 수 없다. 그런데도 이 자명한 사실을 도무지 인정하려 들지 않는 사람들 때문에 야고보서 1장을 놓고 이러쿵저러쿵 쓸데없는 논란이 야기돼 왔다.

성경을 읽고 그 내용과 정황을 정확하게 이해하려면 무엇보다도 먼저 "누가"라는 문제부터 명확하게 규명되어야 한다. 따라서, 성경 해석의 가장 중요한 제1원칙이 있다면, 그것은 뭐니뭐니해도 "누가 한 말이냐?"를 먼저 파악하는 일이고, 그 다음 "누구에게 한 말이냐?"를 포착하는 것이 성경 해석의 제2원칙이라고 할 수 있다. 이처럼 "누가 누구에게 말했느냐?" 하는 것은 세상의 일반 법정에서 시시비비를 가리는 과정에서도 핵심적인 절차 요소가 된다. 피고가 되었건, 원고가 되었건, 또는 증인이 되었건, 그들이 개진하는 법정 진술 가운데서 가장 중요하게 다루어지는 요소로 심리되는 것이 "누가 누구에게?"라는 사항이고, 정확한 법적 심리를 위한 모든 초점이 여기에 모아지기 마련인데, 성경 구절을 해석하는 데도 마찬가지로 이 원칙이 그대로 적용된다.

야고보서는 많은 오해를 받아왔는데, 특별히 행위 구원이라는 면에서 그렇다. 행위 구원을 주장하는 사람들은 하나같이 야고보서를 들고 나오는 것이다. 로마 카톨릭이야 더 말할 것도 없고, 심지어는 그리스도인이라 말하는 자들까지도 그 터무니없는 행위 구원 교리를 내세우고, 이것을 뒷받침하기 위해서 야고보서를 사용한다. 특별히 야고보서 중에서도 2:24만큼 행위 구원 교리를 옹호하는 데 이상적인 구절도 흔치 않다는 것을 발견한 것이다. 『**이제 너희가 알거니와 사람이 행함으로써 의롭게 되는 것이요, 믿음으로만 되는 것이 아니니라**』(약 2:24). 믿음으로 말미암아 하나님의 은혜로 구원받는다는 바울 서신서의 신약적 구원 교리를 뒤집어엎기에 이 구절만큼 멋들어지게 안성맞춤 구절이 또 어디 있겠는가? 마틴 루터는 이 구절을 어찌나 못마땅하게 여겼던지 야고보서를 읽을 때마다 이 구절에 이르면 화가 머리끝까지 치밀어 오르는 바람에 성경을 내팽개치곤 했다고 전하는데, 그러다가 좀 도가 지나칠 정도로 경건하지 못했던 어느 순간에 이르러서는 심지어 이런 말을 내뱉기까지 했다고 한다.

"야고보서는 난로에 넣어 넣고 불태워 버려도 일마든지 괜찮은 지푸라기 같은 서신서다."

이를 두고 마틴 루터가 선적으로 하나님의 말씀인 성경에 따라 살았던 사람으로는 보기 어렵다고 말하는 사람도 없지 않지만, 마틴 루터가 그런 말을 한 진의는 물론 그런 게 아니었다. 그는 야고보서의 이런 구절들을 내세우며 누구든지 믿음으로 말미암아 하나님의 은혜로 구원을 받게 된다는 신약적 구원 교리를 깔아뭉개려는 몰지각한 자들을 통렬하게 비난했을 뿐이지, 성경을 비난했던 것은 결코 아니었다.

미시간의 할렘교회가 자나깨나 "십계명," "십계명," "십계명" 하면서 십계명의 중요성을 너무 지나치게 강조하고 나오는 바람에, 어찌나 속이 상했던지 M.R. 디한 박사 같이 경건하고 점잖았던 양반도 터져 나오는 울화를 도저히 참을 수 없어 이런 말을 내뱉었다.

"십계명이 살아 있는 한 이 시대에 구원받을 수 있는 사람은 한 사람도 없다. 십계명은 이미 죽어버렸다. 지금 십계명을 뇌까리는 것은 송장을 만지작거리면서 쓸데없이 시간만 낭비하는 짓이다."

자, 야고보서를 보자.

1:1 하나님**과 주 예수 그리스도의 종 야고보는 널리 흩어져 있는 열두 지파에게 문안하노라**.

2 **나의 형제들아, 너희가 여러 가지 시험에 빠질 때면 그것을 모두 기쁨으로 여기라**.

3 **이는 너희 믿음의 시련이 인내를 만들어 내는 줄을 너희가 앎이라**.

4 **그러나 인내를 온전히 이루라. 이는 너희가 온전하고 잘 갖추어져 아무것도 부족함이 없게 하려 함이라**.

『하나님**과 주 예수 그리스도의 종 야고보는 널리 흩어져 있는 열두 지파에게 문안하노라**』(1절).

이 첫 절에서부터 또렷하게 『**야고보는... 열두 지파에게**』라고 명기함으로써 이 서신서가 "누가 누구에게" 보내는 편지인가를 명백하게 천명한다. 야고보는 지금 이스라엘 열두 지파에게 이 편지를 써보내고 있는 것이다. 누가? 다른 사람 아닌 야고보가 말이다. 누구에게? 다른 사람들 아닌 이스라엘 열두 지파에게 말이다.

사실이 이렇게 명백한데도 듀셀로프는 1절을 다음과 같이 비비 꼬아서 읽는다.

"하나님과 주 예수 그리스도의 종 야고보는 영적인 이스라엘에게 문안하노라."

억지도 이쯤 되면 가볍게 웃어넘기기가 여간 어려운 게 아니다. 이 구절 어디를 보아도 그렇게 언급하고 있지 않다는 것은 명명백백하지만, 그는 눈 하나 깜짝하지 않은 채 능청을 떨며 엉뚱한 짓을 자행하는 것이다.

이 구절에 대한 이런 뻔뻔스러운 태도는 비단 듀셀로프 한 사람에게서만 나타나는 게 아니다. 흥미가 있다면 지금이라도 당장 <리빙 바이블>이라는 것을 펼쳐 읽어 보면 알 것이다. 당신은 야고보서 1:1의 어디를 보아도 <리빙 바이블>에 써 있는 것 같은 언급은 찾아볼 수가 없을 것이다.

"하나님과 주 예수 그리스도의 종 야고보는 모든 곳에 흩어져 있는 유대인 그리스도인들에게 문안하노라."

이게 그 <리빙 바이블>이라는 데에 써 있는 야고보서 1:1이다.

<리빙 바이블>에서는 이처럼 야고보의 편지 수신자가 "유대인 그리스도인들"로 둔갑해 있다. 물론 새빨간 거짓말이다. <리빙 바이블> 스스로가 "의미를 살려 번역한 의역 성경"("PARAPHRASED, *A Thought for Thought Translation*")임을 자처하거니와, 성경을 "의역"한다는 것부터가 말도 되지 않는 소리지만, 아무리 의역하기로서니 이스라엘 열

두 지파라고 했으면 문자 그대로 그냥 이스라엘 열두 지파로 읽어야지, 어떻게 그것이 "유대인 그리스도인들"로 둔갑할 수가 있단 말인가? 이게 바로 "사사로운 견해에 따른" 자의적인 성경 해석 태도의 전형이고, 이거야말로 타락할 대로 타락한 썩어 빠진 신학적 성경 해석 방법이며, 거짓을 가르치고 퍼뜨리려는 매우 음흉한 저의에서 나온 속임수이고, 그게 바로 <리빙 바이블>이라는 성경 아닌 엉터리 "성경"이다.

이스라엘 열두 지파라면 당연히 히브리인들을 말한다. 여전히 구약의 율법 아래에 있는 구원받지 못한 유대인들이건, 주 예수 그리스도를 믿고 하나님의 은혜로 구원받고 성령으로 거듭난 그리스도인들이건, 여하간 이스라엘 열두 지파에 속해 있는 히브리인들 말이다.

『**야고보는... 열두 지파에게 문안하노라.**』 그러므로 이것을 더 이상 왈가왈부하지 말라. 설사 구절에 따라서는 야고보서의 내용이 부분적으로 그리스도인들에게도 영적 적용이 얼마든지 가능하기는 할지언정, 이 서신서는 어디까지나 야고보가 각처에 흩어져 살고 있던 유대인 열두 지파에게 보낸 편지임에는 틀림이 없다. 또 설사, 그 내용이 부분적으로 그리스도인들에게도 교리적 적용이 가능한 구절들을 발견할 수는 있을지언정, 이 편지는 야고보가 유대인 열두 지파에게 보낸 서신서임이 자명하다. 이 편지는 결코 그리스도의 몸인 교회에 보낸 것도 아니요 "유대인 그리스도인들"에게 보낸 것도 아니라는 얘기다.

『**나의 형제들아, 너희가 여러 가지 시험에 빠질 때면 그것을 모두 기쁨으로 여기라**』(2절).

보라, 유대인 야고보가 『**나의 형제들아,**』 하고 부르면서 말문을 연다. 이것은 이 서신서가 누구에게 보낸 편지인가를 확실히 해 두는 매우 중요한 열쇠다. 그는 편지를 끝내면서도 『**형제들아,**』 하고 부르고 있다(5:19). 야고보의 이 "형제들"은 구원받은 자건, 구원받지 못한 자건, 그것에 관계가 없다. 말하자면, 야고보의 "형제들" 가운데는 아직 회심이 필요한 유대인들도 있었을 것이고, 이미 구원받은 유대인들도 있었을 것이다. 그러나 어쨌든 이 "형제들"은 이스라엘 열두 지파에 속한 유대인들이며, 이스라엘 열두 지파에 속한 유대인이면 누구나 이 편지의 수신자가 될 수 있는 자였다.

『**너희가 여러 가지 시험에 빠질 때면 그것을 모두 기쁨으로 여기라.**』 말이 쉽지 시험에 빠질 때 그것을 기쁨으로 여긴다는 것은 결코 쉬운 일이 아니다. 예수 그리스도께서는 제자들에게 『**시험에 들게 하지 마시옵고, 악에서 구하여 주시옵소서.**』(마 6:13) 하고 기도하라고 가르치셨다. 다시 말해서, 시험에 빠져 기뻐하기보다는 시험에 "이끌려 들어가지" 않도록 늘 기도하는 것이 현명하다는 가르침이었다. 그런데 야고보는 여기 2절에서 『**시험에 빠질 때면 그것을 기쁨으로 여기라.**』고 권면하고 있다. 그렇다면, 예수 그리스도의 가르침과는 다르지 않은가?

그러나 시험에 "빠지는 것"(fall into temptations)과 시험에 "이끌려 들어가는 것"(being led into temptations)은 엄연히 다른 별개 문제다. 어리석게도 당신이 다른 사람의 감언이설을 듣고 거기에 미혹되어 그릇된 일에 손을 대게 된다거나, 성경에도 없는 비진리를 믿고 타락하게 된다거나, 어리석은 탐욕으로 세상일에 대한 미련을 버리지 못해 어떤 시험에 이끌려 들어간다는 것은 결단코 피해야만 될 일들이다.

그런가 하면, 또 당신이 그리스도인답게 살아가면서도 본의 아니게 시험에 빠지는 수도 있고, 혹은 그리스도인으로서의 사명을 다하기 위해서 무슨 일인가 하나님의 일들을 열심히 하려고 하다가 시험에 빠지는 수도 있으며, 또 어떤 때는 하나님께서 어떤 목적을 갖고 계셔서 의도적으로 당신을 견디기 어려운 한계 상황에까지 몰고 가시는 바람에 불가피하게 시험에 빠지는 수도 있다. 야고보가 2절에서 언급하고 있는 『**시험**』이란 바로 이런 경우를 말하고 있는 것이다. 이러한 시험은 주변 여건과 상황을 당신 자신의 능력으로 마음대로 통제할 수 없는 경우에 불가피하게 빠지는 시험이다. 욥이 빠졌던 시험이 바로 이런 것이었고, 수많은 그리스도인들이 이런 시험에 빠져 보았었다. 그들이 당했던 시험은 마음대로 쉽게 피할 수 있는 시험이 아니었기에 자신들의 능력으로는 도저히 어떻게 제어할 수 있는 상황이 아니었다. 그러나 시험은 어디까지나 시험인지라, 고통스럽기는 역시 마찬가지다. 그렇지만, 야고보는 이러한 시험에 빠졌을 때 그것을 고통으로 여기지 말고 도리어 『**기쁨으로 여기라.**』고 충고한다. 그리고 그 이유를 다음 3절에서 설명한다.

『**이는 너희 믿음의 시련이 인내를 만들어 내는 줄을 너희가 앎이라**』(3절).

이러한 시험은 당신의 『**믿음**』을 테스트해 보기 위해서 닥쳐온다. 당신은 그것을 알기에 그 시험의 고통을 『**인내**』로 견뎌 내게 된다. 당신이 어떤 세속적인 욕심에서도 아니요, 일시적인 어리석음 때문에 악한 자들의 미혹에 넘어간 결과도 아니며, 결코 어리석은 탓으로 일부러 어떤 시험에 이끌려 들어간 게 아니라 전혀 뜻밖에, 전혀 본의 아니게, 아주 불가항력적으로, 도저히 당신 자신의 능력으로는 어떻게 손을 써볼 수 없는 상황이 몰아닥치는 바람에 어떤 시련에 봉착하게 되었다면, 현명한 당신은 이렇게 말할 수 있어야 한다. "옳지, 이것은 내 믿음을 시험해 보기 위한 것인즉, 끝까지 굴복하지 않고 인내로써 견뎌 내며 내 믿음을 지키리라.” 말하자면, 당신은 인내를 통하여 당신의 믿음을 증명해 보일 수 있는 좋은 찬스를 맞은 것이다. 그렇다면, 당신은 『**너희가 여러 가지 시험에 빠질 때면 그것을 모두 기쁨으로 여기라.**』라는 말씀을 얼마든지 아멘! 하고 받아들일 수 있을 것이다. 이렇게 해서 『**믿음의 시련이 인내를 만들어**』 내게 되는 것이다.

하나님의 징계는 견디기 어려운 고통을 강요하지만, 그 징계를 인내로 이겨 낼 때, 그 결과는 기쁨으로 변하는 법이다. 왜냐하면, 당신이 인내로 하나님의 뜻에 순종함으로써 하나님의 약속을 받아 낼 수 있기 때문이다. 『**너희에게 인내가 필요함은 너희가 하나님의 뜻을 행한 후에 그 약속을 받기 위함이라.**』(히 10:36)고 성경은 말씀한다.

당신이 환난에 처해 있을 때, 당신은 그 이유를 이해하지 못하고 그 환난의 결과가 어떻게 귀결될 것인지를 알지 못할지라도 하나님께서는 모든 것을 알고 계신다. 그러니까, 모든 것을 하나님께만 맡겨 드리고 당신은 그저 인내로 견뎌 내기만 하면 된다.

나는 비행기를 타고 높은 하늘을 날 때마다 창밖을 내다보며 내 인생을 둘러싼 수많은 영적 일들에 대해 깊은 생각에 잠기곤 한다. 이것만으로도 비행기 타는 값으로 일백 달러 짜리 두서너 장 쓰는 것쯤은 조금도 아깝지가 않다. 곰곰이 생각해 보면, 주님께서는 단 한순간도 당신에게서 눈을 떼신 적이 없었다는 것을 새삼 느끼고 전율하지 않을 수가 없을 것이다. 주님께서는, 때로는 당신 앞에서, 때로는 등뒤에서, 때로는 당신의 머리 위에서, 또 때로는 당신의 언저리 어딘가에서 당신이 하는 모든 일들을 지켜보셨고, 등을 떠밀기도 하셨으며, 앞으로 끌어당기기도 하셨고, 옆에서 귓속말로 무엇인가를 가르쳐 주기도 하셨으며, 또 때로는 머리 위에서 고함을 지르기도 하셨다. 그리고 당신이 말을 안 듣거나, 게으름을 피우거나, 쓸데없는 생각을 했을 때, 주님께서는 호되게 꾸짖기도 하셨고, 후려치기도 하셨으며, 호령도 하셨을 것이다. 이렇게 하시면서 주님께서 당신에게 기대하시는 것이 한 가지 있는데, 그것은 당신이 "인내를 만들어 내는 것," 바로 이것이다. 인내로 당신 앞에 놓인 인생의 경주를 당신이 달리고 있을 때, 주님께서는 바로 그 것을 보고 싶어 하신다. 『**징계가 당시에는 즐겁지 않고 슬픈 것 같으나 후에 그로 인하여 훈련된 자들에게는 화평한 의의 열매를 맺느니라.**』(히 12:11)는 말씀이야말로 이런 점에서 아주 큰 위로가 되는 말씀이다.

환난을 당하고 있을 동안 주님께서는 우리 안에 인내를 만들어 가신다. 시련에 처할 때 우리는 비록 그 이유를 알지 못할지라도 주님께서는 알고 계신다. 주님께서는 우리가 알고 있는 것보다 훨씬 더 많은 일들을 우리를 위해 수행하고 계신다. 당신은 그리스도인으로 지금까지 살아 온 당신의 인생을 되돌아보기만 해도 이것을 잘 알 수 있을 것이다. 과거 어느 땐가 견딜 수 없는 시련에 처했을 때 당신이 어떻게 그 시련을 이겨 낼 수 있었는지를 한번 생각해 보라. 분명 당신은 그 시련을 인내로 견뎌 냈을 터인즉, 그것이 바로 주님께서 당신 안에 만들어 내신 인내였던 것이다. 우리 그리스도인들은 그런 주님과 함께 있기에 힘든 인생 길을 인내하며 지금도 믿음으로 걸어가고 있는 것이 아니겠는가!

1:5 **너희 중에 누가 지혜가 부족하면, 모든 사람에게 아낌없이 주시고 꾸짖지 아니하시는 하나님께 구하라. 그러면 그분께서 주실 것이라.**

6 **오직 믿음으로 구하고 아무것도 의심하지 말라. 의심하는 자는 마치 바람에 밀려 요동하는 바다 물결과 같으니**

7 그 사람은 주께로부터 어떤 것이든 받으리라 생각하지 말라.
8 두 마음을 품은 사람은 그의 모든 길에 안정이 없느니라.

『**너희 중에 누가 지혜가 부족하면, 모든 사람에게 아낌없이 주시고 꾸짖지 아니하시는** 하나님**께 구하라. 그러면 그분께서 주실 것이라**』(5절).

이것이야말로 전반적이고도 총체적이며 보편적인 하나님의 약속이다. 누구든지 하나님께 지혜를 달라고 요청하면 그분께서는 그에게 지혜를 주시되, 아무런 대가 없이 거저 주신다.

주님께서는 지혜의 원천이시다. 그래서 모든 지혜는 그분께로부터 나온다. 당신이 그 지혜를 좀 달라고 주님께 요청하면, 그분께서는 『**아낌없이**』 그것을 주신다. 그리고 "네가 어찌하여 감히 나에게 지혜를 구한단 말이냐?"라든가, "지난번에 준 지혜는 다 어디에 써버리고 또 지혜를 달라고 손을 내미느냐?" 하고 『**꾸짖지 아니하시는**』 분이시다. 당신은 그러니까, 다른 것은 몰라도 지혜만큼은 하나님께로부터 얼마든지 무제한적으로 받을 수가 있다. 이게 사실인지 아닌지, 당신도 한번 하나님께 지혜를 구해 보라. 하지만, 당신이 구원받지 못한 죄인이라면 세상일을 경영하는 데에만 사용하게 될 것인즉, 가령, 어떻게 하면 좋은 보험에 들어 장래에 조금이라도 더 유리한 보장을 받을 수 있을까, 어떻게 하면 중고 자동차 시장에 나가 싼값으로 좋은 자동차를 한 대 골라 살 수 있을까, 하는 따위에만 몰두하게 될 것이고, 만약 당신이 구원받은 그리스도인이라면, 어떻게 하면 좀 더 효율적으로 구령해서 한 사람이라도 더 많은 죄인들을 주님께로 인도할 수 있을까, 그리스도의 심판석에서 어떻게 하면 더 많은 상급을 받을 수 있을까, 천년왕국에서 어떻게 하면 더 좋은 유업을 받을 수 있을까 하는 문제를 놓고 그 지혜를 사용하게 될 것이다. 그래서 피상적으로만 볼 때, 현실적으로 세상을 살아나가는 데 있어서는 구원받지 못한 사람들이 그리스도인들보다 더 슬기롭게 살아가는 것처럼 보인다. 하지만, 속을 깊이 들여다볼 때, 그리고 길게 내다볼 때, 궁극적으로는 그리스도인들이 구원받지 못한 사람들보다 훨씬 더 지혜롭게 살고 있는 것이다.

『**오직 믿음으로 구하고 아무것도 의심하지 말라. 의심하는 자는 마치 바람에 밀려 요동하는 바다 물결과 같으니 그 사람은 주께로부터 어떤 것이든 받으리라 생각하지 말라**』(6,7절).

자, 여기 지혜를 얻기 위한 조건이 제시된다. 『**오직 믿음으로 구하고 아무것도 의심하지 말라.**』 이것이 바로 그 조건이다. 이 말씀은 당신이 하나님께 지혜를 구하기로 마음먹었으면 초지일관 그 마음을 변치 말고 끝까지 구하되, 절대로 이랬다 저랬다 변덕부리지 말라는 뜻이다. 어떤 때는 지혜를 달라고 기도해 놓고는 지혜를 얻기도 전에 자기가 먼저 해결하려고 덤벼드는 게 사실이다. 어떤 때는 지혜를 달라고 기도해 놓고는 지혜를 받기도 전에 자기가 기도했다는 사실마저 잊어버리고 만다. 당신이 어떤 난관에 부딪혔을 때, 당신은 그 문제를 헤쳐나가기 위해 하나님께 지혜를 달라고 간구한다. 그래놓고는 정작 일에 부닥칠 때면, 하나님을 까맣게 잊어버린 채 팔을 걷고 당신 자신의 능력으로만 문제를 해결하려고 바둥바둥 애를 쓴다. 그러다가 일이 풀리지 않으면 또 하나님께 기도하며 지혜를 달라고 부르짖는다. 그래놓고는 하나님의 응답을 듣기도 전에 홱 돌아서면 또 그만이어서 언제 내가 기도했더냐는 식으로 자신의 머리만 굴리고 앉아 있는 게 보통이다. 주 예수 그리스도를 믿고 구원받기를 원한다고 기껏 마음먹어 놓고는 정작 누군가가 당신에게 복음을 전하려고 접근해 오거나, 하다못해 전도지 한 장이라도 건네주려고 다가오는 순간 당신은 고개를 돌려버리고 말지 않는가?

이런 당신을 두고 여기 6절에서는 『**마치 바람에 밀려 요동하는 바다 물결과 같으니**』라고 말씀한다. 그리고 이런 사람은 『**주께로부터 어떤 것이든 받으리라 생각하지 말라.**』(7절)고 일침을 놓는다. 이것이 얼마나 무서운 선언인지 당신은 아는가? 이것은 "좋다. 너는 지옥에 가야겠구나."라는 뜻과 같다. 그리스도인의 경우라면 이 말이, "좋다. 그리스도의 심판석에서 너는 부끄러움을 당하고 큰 손해를 봐야만 되겠구나." 라는 뜻이랑 같다.

『**두 마음을 품은 사람은 그의 모든 길에 안정이 없느니라**』(8절).

두 마음을 품었다는 것 자체가 안정이 없다는 것을 뜻한다. 안정이 없으면 그 어느 것도 제대로 손에 잡히지 않는지라 더욱더 불안정해지기 마련이다. 그래서 성경은 두 주인을 섬기지 말라고 충고한다. 『**어떤 종도 두 주인을 섬길 수 없나니, 그가 한쪽을 미워하고 다른 쪽을 사랑하거나, 한쪽을 존중하고 다른 쪽을 경시하게 됨이라. 너희는** 하나님**과 재물을 동시에 섬길 수 없느니라**』(눅 16:13).

오순절파 은사주의자들이 그처럼 변덕이 죽 끓듯 하고 안정이 없는 까닭이 바로 여기에 있는데, 그들은 "주님을 사랑해요. 우리 서로 사랑해요. 주님을 사랑해요!" 하고 춤을 추며 노래하면서도 세상 행복과 재물과 명예를 얻게 해달라고 애걸한다. 성경은 『**하나님과 재물을 동시에 섬길 수 없느니라**』고 분명하게 말씀하는데도 그들은 성경 말씀 따위는 거들떠보지도 않고 막무가내다. 그들의 이런 태도는 "두 마음을 품은 사람은 안정이 없다고 말씀하지만, 나는 안정 따위는 없어도 좋으니 빨리 재물이나 내놓으시오." 하고 떼를 쓰는 것과 마찬가지다. 이에 대해 주님께서 무어라고 응답해 주셔야 옳겠는가? 버드 로빈슨은 늘 이런 기도를 했다고 한다. "주님, 『**두 마음을 품은 사람은 그의 모든 길에 안정이 없느니라.**』고 말씀하셨으니, 저는 다른 것은 없더라도 안정되기만을 원하며, 저로 하여금 두 마음을 품지 않도록 도와주십시오."

"안정이 없는 것"을 영어로는 "unstable"이라는 단어로 표기하고 있는데, 그 반대말이 "stable"이다. "stable"은 또 "table"에서 나온 말이고, "table"은 곧 "식탁"이란 뜻이다. 그러니까, "안정이 없다."는 "unstable"은 말하자면, 밥상 다리가 부러진 것을 말한다. 당신은 상다리가 부러진 밥상에 음식을 올려놓을 수 있겠는가? 주님께서는 당신에게 음식을 주시고 싶어도 당신의 밥상 다리가 부러져 있는 것을 보시고 거기에 아무것도 올려놓지를 못하신다. 그래서 성경은 그렇게 불안정한 사람은 『**주께로부터 어떤 것이든 받으리라 생각하지 말라.**』고 말씀하는 것이다.

당신이 정말로 하나님께로부터 무엇인가를 얻고 싶다면, 『**오직 믿음으로 구하고 아무것도 의심하지 말라.**』 이것이 조건이다. 당신이 『**주께로부터 어떤 것이든 받으리라**』 생각한다면, 최소한 이 한 가지 조건을 갖추어야 한다. 『**두 마음을 품은 사람은 그의 모든 길에 안정이 없느니라.**』고 성경은 말씀한다. 그러니까, 당신은 주님께 구하되, 그것을 받을 때까지 구하고, 그것을 받았으면 받은 데 따라 행동으로 옮겨야 한다.

1:9 낮은 형제는 자기의 높여짐을 기뻐하고
10 부한 형제는 자기의 낮추어짐을 기뻐할지니, 이는 그가 풀의 꽃처럼 시들어질 것이기 때문이라.
11 해는 타는 열기로 솟자마자 풀을 마르게 함으로 풀의 꽃이 떨어져서 그 모양의 아름다움이 사라지나니, 부자도 그의 길이 이와 같이 쇠잔하리라.

12 **시험을 견뎌 내는 자는 복이 있도다. 이는 그가 시련을 거친 후에 주께서 자기를 사랑하는 자들에게 약속하신 생명의 면류관을 받을 것이기 때문이라.**

다시 말하거니와, 야고보서는 이스라엘 열두 지파, 즉 히브리인들에게 보낸 서신서라는 점을 유의하라. 이 부분은 야고보서의 특징을 이루는 부분인데, 야고보 특유의 관심은 가난한 사람들과 부유한 사람들의 구별에 쏠려 있고, 두 계층 간의 차이를 겨냥해서 특히 많이 강조하고 있는 것이다. 이런 점은 사실 야고보서가 아니었더라면 대환란 기간의 시대 상황 중 어느 한 측면을 우리가 그만 놓칠 뻔했다는 점에서 주목하지 않을 수가 없다.

야고보서가 천명하고 있는 대환란 기간의 특징적인 시대적 상황만을 토대로 할 때, 당신이 만약 대환란 기간에 부자라면, 당신은 마귀와 운명을 같이하게 되고, 당신이 가난하다면 구원받게 된다. 적어도 야고보서에서만큼은 그렇다는 말이다. 나중에 살펴보게 되겠지만 가령, 11절을 먼저 읽어 보라. 또 가령, 2:5을 읽어 보라.

『**나의 사랑하는 형제들아, 경청하라.** 하나님**께서는 이 세상의 가난한 자들을 택하시어 믿음 안에서 부요하게 하시고, 자기를 사랑하는 자들에게 약속하신 그 왕국의 상속자들로 삼으신 것이 아니냐?**』

그런가 하면 2:6은 또 어떤가? 그리고 2:15은 또 어떤가? 4:13은? 5:1은 또 얼마나 지독한가? 『**이제 오라, 너희 부자들이여, 너희에게 닥칠 재난으로 인하여 울고 통곡하라**』(약 5:1). 5:2 역시 지독하기는 이에 못지않다. 이런 식으로 5:3; 5:4; 5:5; 5:6을 계속 읽어 보라. 정말이지 민망할 정도다. 이렇게 볼 때, 부자가 되는 것도 결코 좋은 것만은 아닌 게 분명하다. 이게 모두 대환란 시대 이야기니 망정이지, 그렇지 않았더라면 이 시대의 모든 부자들이 야고보서 때문에라도 성경에 등을 돌릴 뻔하지 않았는가? 하지만 성경을 잘 읽어 보면 이러한 측면은 비단 야고보서에서만 발견되는 것은 아니다. 가령, 야고보서의 이러한 특성은 사실상 마태복음 25장 후반부의 내용과 정확하게 맥을 같이한다.

『너희는 내가 굶주렸을 때에 먹을 것을 주지 아니하였고, 내가 목말랐을 때에 마실 것을 주지 아니하였으며, 내가 나그네 되었을 때에 대접하지 아니하였고, 내가 헐벗었을 때에 입을 것을 주지 아니하였으며, 병들고 감옥에 갇혔을 때에 문안 오지도 아니하였느니라』(마 25:42,43).

이런 자들에게 주님께서는 『왕』의 입을 빌어서 **『너희 저주받은 자들아, 내게서 떠나 마귀와 그의 천사들을 위하여 준비한 영원한 불 속으로 들어가라.』**(마 25:41)고 저주하신다. 대환란 시대에 누군가가 "~하지 아니하였고," "~하지 아니하였으며," "~하지 아니하였고," 또 "~하지도 아니하였다."고 지탄하시면서 지옥으로 들어가라고 명하시는 것이다. 말하자면, "행위"가 없었기 때문에 구원받지 못한다는 것이다. 이처럼 철저하게 "행위"가 요구되기 때문에 이것은 절대로 지금의 은혜 시대에 교리적으로 적용할 수가 없는 말씀들이다.

이번에는 히브리서 10:34,35을 보라.

『너희가 갇혀 있는 나에게 연민을 갖고 또 너희의 재산을 빼앗기는 것도 기꺼이 당한 것은 하늘에 더 좋고 영구한 재산이 있음을 너희가 너희 안에서 앎이라. 그러므로 너희의 확신을 버리지 말라. 그리하면 큰 상이 있느니라.』

이 말씀을 간단히 설명하면, 대환란 시대에 구원받기 위해서는 부자가 되어서는 안 된다는 얘기다. 대환란 시대에 구원받기 원한다면 당신은 "재산을 빼앗기는 것도 기꺼이" 각오해야 한다. 세상 끝 날이 가까이 다가옴에 따라 지상 국가들의 정부는 국민의 재산에 대한 공식적인

KJBC

킹제임스성경신학교는 피터 럭크만 박사가 미국 플로리다주 펜사콜라시에 설립한 Pensacola Bible Institute (PBI)에 기반을 두고 있습니다. 미국 Pensacola Bible Institute는 1965년 9월 개강한 이래로 지금까지 미국 내 정통 신학 교육의 요람으로서, 미국 내 유수한 근본주의 침례교 신학교들을 압도하고 성경대로 믿는 그리스도인들의 산실이 되고 있습니다. 자유주의와 현대주의를 배격하는 가운데 정통 교리의 수준 높은 신학 교육은 물론이요, 능력 있는 설교자 양성을 위한 강도 높은 훈련으로도 단연 으뜸입니다. 이처럼 본 신학교도 1991년에 세워진 이래로 이 땅에 바른 성경적 지식을 정착하고 신실한 하나님의 일꾼을 양성하는 데 총력을 기울여 오고 있습니다.

기존 신학교는 하나님의 말씀보다는 교단 신학과 학문으로서의 신학에 중점을 두어 가르치고 있습니다. 또한 편협한 교단 교리에 하나님의 말씀을 억지로 끼워 맞춰 가르치고 있기 때문에 이제는 하나님의 말씀에 근거한 신학을 제대로 가르치는 곳이 절대적으로 필요합니다. 이런 절실한 필요에 의해 본 신학교는 모든 교과 과정을 교단 신학이 아닌 하나님의 말씀으로 채움으로써 하나님의 말씀에 대한 올바른 지식을 터득할 수 있도록 구성하고 있습니다. 이렇게 구성된 모든 교과 과정은 성경 각 책에 대한 깊이 있는 수업과 설교의 실전 연습, 제반 목회 생활에 관한 실제적인 수업들로 이루어져 있으며, 무엇보다도 균형 있고 올바른 성경적 지식으로 무장할 수 있는 많은 수업들이 제공되고 있습니다.

킹제임스성경신학교는 설교자와 목회자, 성경 교사, 선교사를 양성하기 위한 곳으로, 3년의 모든 과정을 착실히 이수한 모든 학생들이 각자 하나님의 부르심에 따라 언제 어디서나 전담 사역자로서 사역할 수 있도록 양육받을 수 있는 국내 유일의 온·오프라인 정통 신학교입니다.

입학요강

	신학사(B.D.)	킹제임스성경신학원 신학석사(Th.M.)
수업연한	3년 (6학기)	2년 (4학기)
자　격	• 거듭난 그리스도인으로서 하나님께 쓰임받기 원하는 사람 • 고등학교 졸업자 및 졸업 예정자 또는 동등 이상의 학력이 인정되는 자(연령 제한 없음)	• 본교를 졸업한 신학사 학위 소지자로서 진리의 지식으로 효과적인 사역을 이루려는 분
선　발	서류전형(입학원서, 구원간증, 자기 소개서), 면접(서류 전형 합격자에게 개별 통보)	
학사일정	오프라인 봄 학기 매년 3월초 가을 학기 9월초 개강(총 16주) 월,화,목,금(오후 6:30 – 9:20) 온 라 인 수시접수 가능(한 학기 총 16주 / 100% 동영상 강의)	한 학기당 16주 과정 (화요일 오후 6:30 – 9:20)
원서교부	킹제임스성경신학교 교무처 / 인터넷 접수	

개입이 점점 더 강화되어 가다가, 나중에는 국가 권력으로 시민의 재산을 강탈하는 사태가 일반화될 것이다. 그리고 교회 시대가 마침내 끝나고 대환란 시대로 진입하게 되면 이런 상황은 더욱더 악화되다가, 적그리스도가 나타나면 그가 시민 재산에 대한 전면적인 통제 권한을 마구 휘두르게 될 터인즉, 당신이 재산을 탈취 당하지 않으려면 어떻게 해서든 국가 권력과 손잡고 정부 시책에 야합하지 않을 수 없는 처지에 빠질 것이다. 하지만, 그 대신 당신은 구원을 포기하지 않으면 안 될 것이다. 이와 반대로, 당신이 "하늘에 더 좋고 영구한 재산이 있음을" 확신하고 있어서 지상에서 당장 "재산을 빼앗기는 것도 기꺼이" 감수하면서 끝까지 악에 저항하며 부당한 정부 권력에 절대로 굴복하지 않는다면, 당신은 그 대가로 고귀한 구원을 받게 될 것이다.

시민의 재산에 대한 국가 권력의 감시와 통제 체제는 지금 이미 일사불란하게 착착 진행되고 있는데, 무엇보다도 금융 기관의 전면적인 전산화가 그것을 강력하게 뒷받침하고 있다. 당신이 은행에 돈을 맡기면, 그 순간부터 당신의 재산은 철저하게 기계가 관리하기 때문에 당신 자신의 재산 관리에 대해 무엇 하나라도 문의해 볼 일이 생기면 당신은 기계를 상대해야지 사람을 상대할 수가 없게 되었다. 금융 기관이나 세무 당국이나 국가 권력 기관도 역시 당신의 재산 상태를 조사하고 감시하고 통제하려고 할 때, 구구하게 당신이라는 사람을 상대로 복잡하게 일을 처리할 필요가 없고 단지 기계만 상대하면 모든 것이 간단히 처리된다. 뿐만 아니라 모든 거래 관계가 플라스틱 화폐(크레딧 카드)를 이용하여 기계를 통한 전산으로 처리되기 때문에 이제는 현금을 들고 다니면서 물품을 사고 팔지 않게 되었다. 이것은 대환란 시대에 적그리스도가 모든 경제 운용 체제를 장악하게 될 때, 모든 개인이 "짐승의 표"(계 13:16,17)라는 고유 코드 번호를 오른 손이나 이마에 받고 이것으로 모든 거래가 이루어지는 제도가 확립될 텐데, 기계를 이용한 지금의 모든 전산화 현상은 그러한 경제 운용 체제를 준비하는 예비 과정의 일환이다. 『**그 표나 그 짐승의 이름이나 그의 이름의 숫자를 지닌 사람을 제외하고는 아무도 사거나 팔 수 없게 하더라**』(계 13:17).

은행을 비롯한 모든 금융 거래 체계가 이런 식으로 기계화되었다고 해서 일 처리가 그만큼 정확하고 신속하게 되었느냐 하면 오히려 그 반대다. 나는 지난 2년간 자동차 보험료 청구서에 착오가 생겨 여섯 번이나 고지서를 재발급 받았는데, 보험 회사 기계화 처리가 여섯 번 틀려 여섯 번이나 정정할 때마다 여섯 번 사과를 하는 것이었지만, 나는 그들의 사과를 받아내는 데 여섯 번이나 변호사를 이용해야만 했다. 은행에 예금한 돈을 찾는 데에도 현금 인출기에서 꺼내니까 더 편리하고 신속해졌다고들 생각하지만, 실은 반드시 그렇지도 않다. 가령, 당신이 10센트짜리 동전이 몇 개 필요할 경우 그 기계에서는 동전을 취급하지 않기 때문에 시내에 있는 은행까지 찾아가야 한다. 동네 가게에 가서 동전 좀 바꿔 달라고 해봤자 물건을 사기 전에는 응해 주지 않는다.

이러한 전산화 시스템이 생활의 편리를 위하고 금융 기관의 업무 효율성을 올리기 위해서 발명해 낸 것이라고 생각하면 그것은 지극히 순진한 생각이다. 그들은 시민 재산을 도둑질하려고 이런 시스템을 생각해 낸 것이다. 가령, 계산 착오를 가장하여 한 사람에게 고작 1달러만 추가로 징수한다고 하더라도 미국 국민 2억을 대상으로 할 경우 자그마치 2억 달러나 부당하게 강탈할 수가 있게 된다. 금융 기관들이 여기에 눈독을 안 들일 사람이 아니란 것은 당신도 잘 알 것이다.

대환란 시대로 접어들면 사태가 더욱 어렵게 될 텐데, 그 때에는 무엇보다도 "666"이라는 짐승의 표를 몸에 찍어 놓지 않으면 현찰이고, 카드고, 물건을 사고 파는 데에는 아무 소용도 없게 될 것이다. 결국,

당신이 은행에 맡겨 놓은 돈은 아무 소용도 없게 되는 것이다. 결과적으로 그 돈은 그들이 강탈하게 된다. 금융 기관들은 그 연습을 지금 하고 있는 중이다. 대환란 시대에 이 "짐승의 표"가 오른 손목이나 이마에 문신처럼 찍히게 될는지, 컴퓨터 칩으로 삽입되게 될는지, 그 기술적인 문제는 지금으로서는 알 수 없지만, 아무튼 어떤 "표"가 당신 몸에 찍히게 될 것이고, 이 "표"가 없으면 아무리 돈이 많더라도 식료품 가게에 가서 양식을 살 수가 없어 별수 없이 굶어 죽거나 산 속으로 숨어 들어가 풀뿌리를 캐먹고 나무껍질이나 벗겨 먹어야만 연명할 수 있을 것이다. 이런 상태가 바로 히브리서 10:34에서 언급하고 있는 대로 당신이 『**재산을 빼앗기는 것도 기꺼이**』 여기는 상황으로서, "표"를 받지 않은 죄로 당신의 재산은 고스란히 정부의 손에 넘어가게 될 것이다. 만약 당신이 이것을 도저히 견뎌 낼 수가 없어서 "짐승의 표"를 받는다면, 그리하여 당신이 자신의 재산권을 자유롭게 행사할 수 있게 되기를 원한다면, 다시 말해서, 부자로 남아 부자로 살기를 원한다면, 당신은 그 대신 구원을 포기하지 않으면 안 될 것이다. 『**누구든지 그 짐승과 그의 형상에게 경배하고 그의 표를 자기 이마나 손에 받는다면 그 역시** 하나님**의 진노의 포도주를 마시게 되리니,... 또 그 사람은 거룩한 천사들의 면전과** 어린양**의 면전에서 불과 유황으로 고통을 받으리니, 그 고통의 연기가 영원무궁토록 올라가리라**』(계 14:9-11).

문제는 당신의 믿음이나 구원에 대한 강렬한 집착이 아니라 당신이 처하게 될 절박한 상황에 있다. 가령, 당신에게 우유를 먹여야 할 어린 아기가 있게 된다면, 당신은 식료품 가게에 가서 우유를 사야만 한다. 만약 그 아기가 병이라도 들게 되면, 당신은 아기를 안고 병원으로 달려가야만 한다. 그러려면 불가불 당신은 "짐승의 표"를 몸에 지니고 있어야지 그렇지 않으면 아무것도 구할 수가 없고 아기가 굶어 죽거나 병들어 죽는 것을 지켜보고 있어야만 한다. 당신은 그런 절박한 상황에 굴복하지 않을 수가 없을 것이다. 만약 이런 상황에 처하게 된다면, 안타깝게도 당신은 구원이고 뭐고 생각할 여유가 없게 될 것이다.

『**낮은 형제는 자기의 높여짐을 기뻐하고**』(9절).

낮은 형제란 경제적으로 가난한 형제를 말한다. 위에서 살펴본 것처럼 대환란 시대에는 재정적으로 가난하고 비천한 사람이 하나님께서 보시기에는 오히려 고귀한 사람으로 여겨진다. 그래서 그에게는 "하늘에 더 좋고 영구한 재산"이 있게 된다(히 10:34). 그러므로 대환란 시대에는 가난하여 고통을 겪는 것을 오히려 기뻐해야 한다. 사람의 생각으로나 세상의 기준으로 부유하게 여겨지는 것이 하나님께서 보시기에는 노리어 가난하고 비천하게 여겨지는 경우가 지금도 이미 나타나고 있거니와, 특히 마지막 라오디케아인들의 교회 시대가 그러하다고 성경은 말씀한다. 『**라오디케아인들의 교회의 천사에게 편지하라... 네가 말하기를 "나는 부자며, 부요하고, 아무것도 부족한 것이 없다."고 하지만 너는 비참하고, 가련하며, 가난하고, 눈멀고, 헐벗은 것을 알지 못하는도다**』(계 3:14-17).

일요일 출석 교인 수가 수천 수만 명에 달하고, 일주일 헌금 액수가 수만 달러에 이르는가 하면, 신자들을 실어 나르는 교회 버스가 수십, 수백 대에 달하고, 한번에 수천 명을 수용할 수 있는 으리으리한 교회 건물에 화려한 실내 장식들과 교회 비품들을 자랑하는 현대의 대형 교회들이 그 부유를 자랑하며 부족한 것이 없다고 큰소리들을 치고 있지만, 하나님께서 보시기에는 『**비참하고, 가련하며, 눈멀고, 헐벗은**』 교회들이다. 왜 그런가? 구원이 없기 때문이다. 구원도 없고, 구원의 열정도 없으며, 진리의 말씀도 없고, 믿음도 없으며, 오로지 세상 행복과 육신적 열망으로만 가득 차 있기 때문이다.

『**부한 형제는 자기의 낮추어짐을 기뻐할지니, 이는 그가 풀의 꽃처럼 시들어질 것이기 때문이라**』(10절).

부자들은 이제부터 경제적으로 가난해지는 것을 기뻐하라고 충고하는데, 이게 오히려 하나님께는 낮추어지는 게 아니라 높여지는 것이기 때문이다. 사실상 부자는 『**풀의 꽃처럼 시들어**』지는 정도가 아니라 불에 타버리고 만다. 『**불과 유황으로 고통을 받으리니**』(계 14:10)라고 성경은 말씀하지 않는가? 야고보는 이것을 영적으로 언급하느라고 『**풀의 꽃처럼 시들어질 것**』이라고 말하고 있지만, 사실은 꺼지지 않는 불에 태워지게 될 것이다. 『**그분은 손에 키를 들고 자기의 타작마당을 철저히 정결케 하시며, 자기의 알곡은 모아서 창고에 들이실 것이나, 쭉정이는 꺼지지 않는 불로 태우시리라**』(마 3:12).

『**해는 타는 열기로 솟자마자 풀을 마르게 함으로 풀의 꽃이 떨어져서 그 모양의 아름다움이 사라지나니, 부자도 그의 길이 이와 같이 쇠잔하리라**』(11절).

『**해는 타는 열기로 솟자마자**』. 이것은 주님의 재림을 언급하는 말이다. 『**타는 열기로**』 솟는 해가 어찌나 뜨거운지 말라기 4장에서는 이 『**의의 태양**』(2절)이 『**화덕같이**』(1절) 타는 열기를 내뿜는 것으로 묘사한다. 사실, 야고보는 지금 영적인 서술 방식으로 표현하고 있기 때문에 "불에 타버린다."는 사실적인 묘사를 피하고 "마른다," "사라진다," "쇠잔한다."는 식으로 부드럽게 서술하고 있을 뿐이다. 하지만 성경은 곳곳에서 직실직으로 강력하게 서술하기를 주저하지 않는다. 말라기 4:1만 해도 이렇게 사실적으로 묘사하기를 서슴지 않는다 『**보라, 이는 화덕**

같이 탈 그 날이 오기 때문이니, 교만한 자와 악을 행하는 자는 정녕 다 그루터기가 되리라. 오는 그 날이 그들을 태우리니, 뿌리나 가지도 그들에게 남기지 아니하리라. 만군의 주가 말하노라』(말 4:1).

침례인 요한도 지극히 사실적이고도 직설적으로 서술하기를 서슴지 않았다. 『**이제 또한 도끼가 나무뿌리에 놓였으니, 그러므로 좋은 열매를 맺지 못하는 나무마다 찍혀 불 속에 던져지리라... 그분은 손에 키를 들고 자기의 타작마당을 철저히 정결케 하시며, 자기의 알곡은 모아서 창고에 들이실 것이나, 쭉정이는 꺼지지 않는 불로 태우시리라**』(마 3:10,12).

베드로는 모든 육체가 풀과 같다고 말한다. 『**이는 모든 육체는 풀과 같고 사람의 모든 영광은 풀의 꽃과 같으며...**』(벧전 1:24). 사실, 세속적인 모든 부유와 재산과 명예는 사람의 육체를 위한 것이지 영적으로는 무의미하고 무가치하기 짝없는 것들이다. 사람의 육체가 풀과 같아 햇빛에 시들고 불에 타버리거늘, 하물며 이 육체를 위한 재산과 명예야 더 말해서 무엇하랴! 그래서 야고보는 『**부자도 그의 길이 이와 같이 쇠잔하리라.**』고 말하고 있는 것이다.

『**시험을 견뎌 내는 자는 복이 있도다. 이는 그가 시련을 거친 후에 주께서 자기를 사랑하는 자들에게 약속하신 생명의 면류관을 받을 것이기 때문이라**』(12절).

이 구절은 꼭 암송해 두어야 할 위대한 말씀이다. "시험을 견뎌 내는 자"란 믿음의 테스트에 낙오하지 않고 합격한 사람을 말한다. 이런 사람에게는 "생명의 면류관"이라는 상이 약속돼 있기 때문에 복이 있는 사람이다. "시험"은 "시련"으로 나타나기 때문에 이 시련을 거쳐야 시험에 합격한다. 시련을 거쳐 시험을 참고 견뎌 내는 원동력은 주님을 사랑하는 마음에서만 나온다. 따라서 시험에 합격한 사람은 그 자체로 그가 주님을 사랑했다는 사실을 입증할 수가 있다. 이런 사람에게 주님께서 생명의 면류관을 상으로 주신다. 이것은 "영생"과는 다르다. "영원한 생명"은 "상"이 아니라 "선물"이다. "영생"은 선물이기 때문에 자신의 노력으로 얻는 게 아니다. 반면에, "상"은 "영원한 생명"을 얻은 사람이 또 노력하여 말씀을 실행에 옮김으로써 그 보상으로 얻는 것이다. 주 예수 그리스도를 믿고 구원받은 모든 그리스도인들은 선물로 주어진 "영생"을 소유한다. "영생"을 소유한 그리스도인이 시험을 견뎌내면 생명의 면류관을 받는다. 그러니까, 생명의 면류관이라는 상은 환란 성도들에게만 해당되는 게 아니라, 갖가지 시험을 견뎌 내는 이 시내의 모든 구원받은 그리스도인들에게도 해당되는 상이다. 이것을 대환란 시대에 적용하면, "짐승의 표"를 받지 않고 끝까지 굴복하지 않은 채 환란을 잘 견뎌 낸 사람들이 이 상을 받게 된다.

그리스도인은 특정한 행위에 대한 보상으로 어떤 상이 약속되더라도, 그 이후의 행실에 따라 그 상을 놓칠 수도 있다. "영생"이라는 선물과 상의 차이점이 여기에 있다. 요한이서 1:8에서 성경은 이 상을 놓칠 수도 있다는 것을 언급하고 있다.

『**많은 미혹하는 자들이 세상에 들어왔나니 그들은** 예수 그리스도**께서 육신으로 오신 것을 시인하지 않는 자들이라. 이것이 미혹하는 자요, 적그리스도라. 너희 자신을 돌아보라. 이는 우리가 이루어 놓은 것들을 잃지 아니하고 온전한 상을 받으려는 것이라**』(요이 1:7,8).

말하자면, 구원받은 그리스도인이 "현대주의"를 옹호하고 "사유주의"를 표방하며, 예수 그리스도의 신성을 부인하는 일에 앞장서게 되면 하늘에서 받을 상을 다 잃게 된다는 말이다. 바울은 "썩지 않을 면류관"이라는 상을 받지 못하게 되는 것을 "자신이 버림을 받는 것"으로 묘사하기도 한다.

『이기려고 애쓰는 사람은 누구나 모든 일에 자제하나니 이제 그들은 썩어질 면류관을 받으려 하지만 우리는 썩지 않을 면류관을 받고자 함이라. 그러므로 내가 그처럼 달리되 불확실하게 하지 아니하며 또 내가 그처럼 싸우되 허공을 치는 자같이 아니하노라. 내가 내 몸을 억제하여 복종하게 함은 다른 사람들에게 전파한 후에 어떻게 해서든지 내 자신이 버림을 받지 않게 하려는 것이라』(고전 9:25-27).

상을 타기 위해 "모든 일"에 자제하고 확고하게 행동하며 몸을 억제하는 가운데 복음을 전파하는 그리스도인들을 바울은 상을 타기 위해 경기장에서 앞만 보고 끝까지 달리는 사람들에게 빗대어 언급하고 있는데, 그 경주의 골인 지점이 어디라고 한마디로 말하기는 불가능하다. 물론 주님께서는 아시겠지만, 사실 나는 골인 지점이 어디인지 모른다. 바울이 썩지 않을 면류관을 받고자 모든 일에 자제한다고 말하지만, 그가 말하는 "모든 일"이란 게 과연 어떤 일들을 말하는지는 나도 모른다. 내가 이해하기로는 바울이 "항상 매사에 육신적 욕망을 억제하고 복음 전파에만 죽는 날까지 전념한다."는 뜻으로 한 말이라고 생각된다. 이렇게 볼 때, 어쩌면, 그 "썩지 않을 면류관"은 바울 말고는 아무도 탈 수 없는 상일지도 모른다. 말하자면, 이 상을 받기 위해서는 당신이 얼마만큼이나 몸을 억제하여 복종하게 해야 하는지 나는 가르쳐 줄 수가 없는지라, 그 평가는 주님께 맡기는 도리밖에 없다는 얘기다. 주님께서는 요한계시록 2장에서 스머나 교회에 대하여 이런 약속을 하신다.

『너는 고난받게 될 일들을 전혀 두려워하지 말라. 보라, 마귀가 너희 중 몇 사람을 감옥에 던져서 시련을 당하게 하리니 그러면 너희가 열흘 동안 환란을 받으리라. 죽기까지 신실하라. 그러면 내가 네게 생명의 면류관을 주리라』(계 2:10).

구원받고 거듭난 그리스도인이 죽기까지 신실하면, 즉 주님을 사랑하기에 그분을 위해서 순교까지 각오한다면, 그 보상으로 생명의 면류관을 주시겠노라는 약속인데, 이 구절에서의 생명의 면류관은 "하나의" 생명의 면류관(a crown of life)으로서 야고보서 1:12에서 언급하는 "그" 생명의 면류관(the crown of life)과는 좀 다르다.

1:13 **누구든지 시험을 받을 때 "나는** 하나님**께 시험을 받는다."고 말하**
지 말지니, 하나님**께서는 악으로 시험을 당하지도 아니하시고 또**
그분 자신이 아무도 시험하지 않으시기 때문이라.
14 **그러나 누구든지 자신의 욕심에 끌려 유혹을 받을 때 시험을 당**
하는 것이니
15 **그러므로 욕심이 잉태하면 죄를 낳고, 죄가 장성하면 사망을 낳느**
니라.
16 **나의 사랑하는 형제들아, 속지 말라.**

『**누구든지 시험을 받을 때 "나는** 하나님**께 시험을 받는다."고 말하지 말지니**, 하나님**께서는 악으로 시험을 당하지도 아니하시고 또 그분 자신이 아무도 시험하지 않으시기 때문이라**』(13절).

이 구절에서 하나님께서는 "악으로 시험을 당하지도 아니하시고"라고 말씀한다. 예수 그리스도께서는 누가복음 4장에서 마귀에게 시험을 받으셨지만, "하나님"으로서가 아니라 인간의 육신을 입고 계신 사람으로서 시험을 받으신 것이었다. 야고보가 여기서 언급하는 것은 육신을 입고 오셨던 그리스도가 아니라 지금 셋째 하늘에 있는 하나님의 보좌 오른편에 앉아 계신 하나님으로서의 그리스도를 언급하는 것이다.

『**그러나 누구든지 자신의 욕심에 끌려 유혹을 받을 때 시험을 당하는 것이니**』(14절).

당신이 『**자신의 욕심에 끌려 유혹을 받을 때**』 시험을 당하게 되는데, 이 구절에서 야고보가 언급하고 있지는 않지만, 여기에 마귀가 개입한다는 것은 두말할 나위도 없다. 그러나 『**욕심에 끌려 유혹을 받을 때**』, 그 유혹은 다름 아닌 마귀가 당신을 향해 하게 되지만, 이때 당신 자신의 욕심에 끌려 들어간 것은 당신의 잘못이고, 따라서 그 책임은 당신에게 있지 마귀에게 그 책임을 떠넘길 일이 아니라는 것이다. 야고보가 하고 싶은 말은, 그러므로 자신의 욕심에 끌린 나머지 마귀가 당신을 끌고 가지 못하게 하라는 것이다.

"유혹을 받는다."는 말은 사실상 "유혹에 넘어간다."(enticed)는 뜻이다. 이것은 곧 당신이 함정에 빠져서 꼼짝없이 어떤 일에 연루되거나 무엇인가에 관계하게 되는 것을 의미한다.

고전적인 조직신학의 견지에서 볼 때, "시험"(temptations)이란 당신이 어떤 매혹적인 미끼를 눈앞에 놓고 있는 상태를 말한다. 마음을 홀리는 그 매혹적인 미끼가 당신의 눈앞에서 어른거릴 때, 당신은 그것을 분명히 눈으로 보고 덥석 물어버리는 어리석음을 범하지 않으려고 무진 애를 쓰며 갈등하는 가운데, 당신 자신의 욕심과 투쟁을 계속하게 되는데, 이때 당신이 끝까지 그 미끼를 물지 않으면 당신은 그 시험을 이겨 낸 것이고, 당신이 마침내 굴복해 버리고 그 미끼를 덥석 물기 위하여 넘지 말아야 할 선을 넘어 섰을 때, 당신은 "유혹에 넘어간 것"이다. 예수 그리스도께서 마귀에게 시험받으셨을 때, 그분께서는 결코 미끼를 물기 위해 선을 넘어서지 않으셨다. 말하자면, 시험은 분명히 받으셨으되, 유혹에 넘어가지는 않으셨던 것이다. 눈앞에 미끼가 나타났을 때, 주님께서는 그 미끼를 보셨고, 그 미끼의 의도를 훤히 알고 계셨으며, 그 미끼의 의도를 거부하셨던 것이다. 그리스도인들은 눈앞에 미끼가 나타나면 그것을 눈으로 보고 자신의 "욕심에 끌려" 유혹에 넘어가고 만다. 하지만 당신이 "시험에 넘어간 것"은 그 책임이 모두 마귀에게 있는 게 아니다. 모르면 모르되, 야고보가 여기서 하고 싶은 말은 90% 이상의 책임이 당신 자신에게 있다는 것일 테고, 모든 시험이 다 마귀가 덫으로 설치한 게 아니라는 것이다. 그래서 당신이 시험을 당할 때, 그 시험을 견뎌 내지 못하고 뒤로 넘어지고 죄를 짓게 되었다면, 그 책임은 전적으로 당신에게 있지, 마귀에게 그 책임을 덮어씌울 수는 없다.

『**그러므로 욕심이 잉태하면 죄를 낳고, 죄가 장성하면 사망을 낳느니라**』(15절).

현대인의 마약 중에서 가장 대표적인 것이 "LSD"라는 환각제다. 하나님께서는 이 "LSD"의 출현을 미리 내다보시고 야고보서 1장 15절을 쓰셨나 보다. 욕심(lust), 죄(sin), 그리고 사망(death)을 뜻하는 영어 단어 머리글자를 따서 나열한 것이 바로 "LSD"니까 말이다. 그래도 제대로 배운 젊은이들에게 LSD가 뭐냐고 물으면, "아, 이것은 'Long, Slow Distance'지요." 하고 대답한다. 다시 말해서, LSD란 "먼길을 천천히 가는 것"이라는 것이다. LSD가 정말 이런 것이기만 하다면 이것은 또 다른 이유에서 좋은 LSD라고 할 수 있다.

사망은 본디 갑자기 닥쳐오는 게 아니다. 죄 자체가 본래 갑자기 행해지는 게 아니기 때문이다. 죄는 맨 처음 "관념"(presentation)으로 싹트기 시작한다. 그런 다음 그 "관념"이 구체적인 모습으로 "계발"(illumination)된다. 그리고 나면 죄가 하나의 "신념"(faith)으로 마음속에 자리잡게 되고, 이 "신념"이 "결단"(decision)으로 발전하여 최종적으로는 "행동"(action)으로 옮겨지게 된다. 이렇게 행동으로 옮겨지면 결국 죄가 "사망"을 낳게 되는 것이다. 다시 말해서, 사망으로 죄가 완결되는 것이다. 그러니까, 욕심이 잉태하여 죄를 낳고, 죄가 장성하여 죽음에 이르는 데에는 그만큼 긴 시간이 걸리기 마련이다. 이런 점에서 욕심, 죄, 사망이라는 일련의 과정은 곧 LSD, 즉 "먼길을 천천히 가는 것"과 같다. 이런 점에서 LSD가 좋은 LSD인 것은 그 긴 과정으로 인하여 죄의 길에서 돌이킬 수 있는 기회가 그만큼 많기 때문이다. 죄에서 돌이키기만 하면 당신은 죽지 않을 수 있다. 『**우리가 우리 죄들을 자백하면 그는 신실하시고 의로우셔서 우리 죄들을 용서하시며, 모든 불의에서 우리를 깨끗하게 하시느니라.**』(요일 1:9)고 성경은 말씀한다.

『**나의 사랑하는 형제들아, 속지 말라**』(16절).

죄를 지어도 죽기까지야 하겠느냐고 오해하지 말라고 충고한다. 당신은 이미 구원받은 그리스도인이므로 괜찮다고 생각하지 말라. 당신이 진짜 그리스도인일지라도 죄를 지으면 비록 구원을 상실하는 것은 절대로 아니지만, 이 세상에서 당신이 할 일들을 다하지 못한 채 중도에 죽음을 맞게 될는지도 모르기 때문이다. 그러므로 『**속지 말라**』!

1:17 모든 좋은 선물과 모든 온전한 선물이 위로부터, 곧 빛들의 아버지께로부터 내려오나니, 그분께는 변화도 없고 회전하는 그림자도 없느니라.

18 그분 자신의 뜻으로 우리를 진리의 말씀으로 낳으셔서 우리로 그의 피조물들 가운데 첫열매들에 속한 자들이 되게 하셨으니

19 그러므로 나의 사랑하는 형제들아, 사람마다 듣기는 빨리 하고,

말하기는 더디 하며, 성내기도 더디 하라.
20 **이는 사람의 성내는 것이** 하나님**의 의를 이루지 못함이니라.**
21 **그러므로 너희는 모든 더러움과 넘치는 악을 벗어 버리고, 너희 혼들을 구원할 수 있는, 심겨진 말씀을 온유함으로 받으라.**

야고보는 이 편지에서 논리적으로 전개되는 무슨 특정한 교리를 정연하게 밝히는 게 아니라 갖가지 주제들을 놓고 이리 왔다 저리 갔다 자유롭게 넘나들고 있는지라, 어떻게 보면 혼란스럽기까지 하다. 8절에서는 『**두 마음을 품은 사람은 그의 모든 길에 안정이 없느니라.**』고 했다가, 갑자기 방향을 바꾸어 가난한 형제와 부유한 형제 이야기를 9절, 10절, 11절에서 꺼내는가 싶더니, 또 거기서 딱 멈추고는 12절부터는 갑자기 방향을 바꾸어 13, 14, 15, 16절까지 **시험**에 대해서 언급한다. 그리고는 여기 17절부터는 또 화제를 확 바꾸어 **선물** 이야기를 꺼낸다. 그래서 야고보서를 읽노라면 마치 잠언을 읽고 있는 듯한 느낌이 든다.

『**모든 좋은 선물과 모든 온전한 선물이 위로부터, 곧 빛들의** 아버지**께로부터 내려오나니, 그분께는 변화도 없고 회전하는 그림자도 없느니라**』(17절).

여기서 언급하는 『**모든 좋은 선물과 모든 온전한 선물**』은 비단 "영생"만을 의미하는 게 아니라 그 밖의 갖가지 선물들을 포괄적으로 의미하는데, "영생"은 『**온전한 선물**』에 해당하고, 성령도 이 『**온전한 선물**』에 해당한다. 하나님께서는 이런 『**온전한 선물**』 말고도 또 『**좋은 선물**』을 주신다. 이를테면, "지혜"나 갖가지 "재능" 같은 선물들이 이에 해당한다고 할 수 있다. 야고보서 3:17에 보면 하나님께서 주시는 지혜의 특징에 대해 서술하고 있다. 여기서 『**그러나 위로부터 오는 지혜는**

첫째, 순수하고 그 다음은 화평하며, 친절하고, 양순하며, 자비와 선한 열매들로 가득하고, 편견이 없고, 위선이 없나니』라고 말씀하거니와, 잘 생각해 보면 아닌 게 아니라 정말 그렇다. 어떤 성도가 "지혜롭다"고 여겨질 때 보면, 그 성도는 모든 일에서 다른 성도들과 항상 화평한 관계를 유지하고, 온유하고 겸손하며, 인정이 넘치고 어려운 일에 처한 형제들을 도우려고 애쓰고, 자신의 고집을 세우지 않으며, 마음이 정직하여 거짓이 없는 것을 보게 된다. 그리하여 다른 사람들이 볼 때 그 형제의 지혜는 『**위로부터**』 왔구나 하는 믿음을 갖게 한다. 이러한 지혜는 『**좋은 선물**』인 게 분명하고, 또 『**위로부터**』 온 선물인 게 틀림이 없다.

야고보는 또 하나님을 『**빛들의** 아버지』라고 부르고 있다. 『**빛들**』(lights)은 창세기 1:14,15에 있다. 『하나님**께서 말씀하시기를 "낮을 밤에서 나누기 위하여 하늘의 창공에 광명들**[lights]**이 있으라. 그것들로 하여금 징조들과 계절들과 날들과 연도들을 위해 있게 하라. 그리고 광명들은 하늘의 창공에 빛이 되어 땅 위에 빛을 주라." 하시니 그대로 되니라**』(창 1:14,15).

『**그분께는 변화도 없고 회전하는 그림자도 없느니라.**』 하나님께서는 인간과는 다르시다. 상황에 따라 무엇이 좋으냐를 따져 보고 어제 다르고 오늘 달라지는 것이 사람이지만, 하나님께서는 그렇지 않으시다. 하나님께서 한번 하시기로 작정하시면 그대로 밀고 나가실 뿐 뒤로 물러서시는 법도 없고 역행하시는 법도 없다. 『**모든 좋은 선물과 모든 온전한 선물이 위로부터**』 내려오되, 하나님의 은사와 부르심에는 후회가 없으시다고 바울도 말한다(롬 11:29). 이 말을 바꾸어 말하면, 당신이 주님께 부르심을 받았다면, 당신은 반드시 어떤 은사를 받았다는 것이다. 그러므로 당신이 어떤 은사를 하나님께로부터 받았으면, 당신은 그 은사를 죽을 때까지 활용할 수가 있다. 가령, 당신에게 노래를 잘 부르는 은사를 주셔서 세계적인 가수로 활약하고 있다가 어느 날 갑자기 악보를 읽을 줄 모르게 된다거나, 목소리가 갑자기 탁해진다거나 하는 일은 일어나지 않는다. 당신에게 어떤 일이 일어나도 은사는 은사대로 유지된다는 말이다. 가령, 빙 크로스비 같은 사람 말이다. 그는 젊었을 때나 나이 먹은 다음에나 세계적인 가수로서의 은사를 그대로 유지하며 명성을 날렸다. 그는 가수로서 과거에도 많은 사람들에게 영향을 끼쳤지만, 노년이 되기까지 계속해서 사람들에게 좋은 영향을 끼친 아주 멋진 사람이었다. 그는 그리스도의 심판석에 섰을 때 다른 것은 몰라도 이것만은 자랑스럽게 설명드릴 수가 있을 것이다. 물론 그는 로마 카톨릭을 위해서도 노래를 불렀던 게 사실이다. "마이 웨이"라든가, "화이트 크리마스" 같은 노래들 말이다. 하지만, 어쨌든 그는 하나님께로부터 받은 은사를 100% 발휘한 사람이었다. 영국이건, 독일이건, 아시아의 어떤 나라에도 빙 크로스비만큼 하나님께로부터 받은 은사를 일생 동안 한결같이 활용한 사람은 아주 드물 것이다.

모든 위대한 사람들이 지녔던 은사들이 하나님께로부터 받았던 은사들이었다는 데에는 의심의 여지가 없지만, 그렇다고 해서 하나님께서 처음부터 끝까지 실력의 100%를 다 주시는 것은 아니다. 토마스 에디슨은 "사람의 재능 가운데 1%가 하나님의 영감으로 받은 것이라면, 나머지 99%는 그 사람 자신의 노력에서 나온 것이다."라고 말했거니와, 나는 그의 말에 전적으로 동의한다. 사람이 노력도 하지 않고 원숙한 재능을 갖게 된다는 것은 있을 수 없는 일이다. 당신이 하나님께로부터 받은 어떤 은사가 있다면, 그것을 살려서 피나는 노력을 하면서 많은 시행착오를 일으키기도 하고 실패도 거듭하며 그 재능을 완성해 나가야 한다. 나도 지금의 내가 되기까지 지난 48년 동안 시행 착오를 거듭했던 사람이고, 성경을 그림으로 그리는 데에도 여러 번 실수를 범했는지라, 그림을 잘못 그려서 다시 그렸고, 또 잘못되었으면 다시 또 그렸으며, 한 가지 그림을 가지고도 여러 차례 다시 그려야만 하기도 했었다. 가령, 요한계시록 전체를 완성된 그림책으로 펴내는 데에도 어떤 그림은 여섯 번이나 수정해야만 했다. 지금도 그 그림들이 요한계시록의 주요 내용들을 100% 완전하게 표현했다고는 생각하지 않는다. 지금도 잘못이 또 발견된다면 언제라도 다시 그릴 준비가 돼 있다. 문제는 주님께서 내게 주신 은사를 얼마나 최선을 다해서 발전시키고 얼마나 열심히 그 은사를 활용하여 주님을 영화롭게 해 드리느냐 하는 것이다. 내가 죽어서 그리스도의 심판석에 설 때, 나는 주님께서 주신 그림의 은사를 주님의 영광을 드러내는 데에 얼마나 선하게 사용했는지에 대해서 설명드려야 할 것이다. 아마도 그리스도의 심판석에 설 때, 내 옆에는 소위 "성화"를 그렸다는 다른 화가들도 함께 서 있게 될지도 모른다. 내 오른편에 가령, 렘브란트가 서 있고, 왼편에는 루벤스가 서 있는가 하면, 내 뒤에는 라파엘도 있고, 레오나르도 다 빈치와 미켈란젤로도 서 있을지 모른다. 나는 다른 것은 몰라도 성 베드로 성당의 천장이나 벽에 그려져 있는 이상야릇한 그림 따위를 그리지 않았다는 사실에 대해서만큼은 주님께 자신 있게 설명드릴 수가 있을 것이다. 다른 화가들이 아무리 거장들이라 하더라도 로마 카톨릭이 싫어한다는 이유로 주님의 재림이라든가, 적그리스도의 출현이라든가, 다윗의 보좌에 앉아 철장으로 다스리시는 예수 그리스도의 모습이라든가, 지옥의 장면이라든가, 새 예루살렘 등을 그리지 않았지만, 다른 화가들이야 어찌했든 간에 나는 주로 주님의 영광을 표현하는 데 초점을 맞추어 많은 그림들을 그려 왔다. 문제는 주님께서 주신 은사를 얼마나 잘 활용하여 하나님의 말씀들을 얼마나 정확하게 표현해 냈느냐 하는 것인데, 지금까지 최선을 다해 왔지만, 미흡한 데가 있었다면, 앞으로도 다시 그리고 또 다시 그려서 잘못을 바로잡을 것이다. 그러나 나는 어떤 일이 있어도 신분도 알 수 없는 어떤 사내를 벌거벗겨 놓고는 그것을 모델 삼아 예수 그리스도의 나체 초상화 따위나 그리는 짓은 절대로 하지 않을 참이다. 말이야 바른 말이지, 그런 그림을 그려 놓고 그리스도의 심판석 앞에 서서 내가 어떻게 무어라고 주님께 변명할 수 있단 말인가?

하나님께서 주신 "은사들"이라고 말할 때, 그리스도인들은 『**온전한 선물**』과 『**좋은 선물**』을 구별하지 못하고, 『**좋은 선물**』에 해당하는 실제적인 "재능들"에 대해서는 별로 깊이 생각하지 않는 버릇이 있다. 타고난 좋은 목소리로 노래를 잘 부르거나, 다른 사람들이 따를 수 없는 관찰력과 표현력을 갖고 아름다운 그림을 그린다거나, 글을 잘 쓴다거나, 목재를 다듬고 돌을 잘 다루어서 멋들어진 집을 짓는 건축의 재능을 갖고 있다거나, 기계를 잘 다루고 고치는 기술자로서의 탁월한 재주가 있다거나, 이재에 밝고 사업 운영의 재능이 있어 이익을 올리는 장사 재능이 뛰어나다거나, 대중 연설에 능하고 정의감에 불타고 있어 훌륭한 정치가로서의 자질을 갖추고 있다거나 하는 따위들이 모두 『**좋은 선물**』들로서 모두가 『**위로부터**』 받은 것이다. 그런데도 대부분의 사람들은 이 모든 재능들이 자기가 똑똑해서 생긴 것으로 착각들을 한다. 그래서 그 귀한 선물들을 제멋대로 아무 데나 오용하고 남용하고 또 낭비한다. 그러면서도 그 재능을 주신 하나님의 영광을 드러내는 일에 사용하는 것은 매우 인색한 경우가 허다하다. 하나님의 영광을 드러내기는 커녕 도리어 하나님을 모독하고 하나님의 사역을 대적하는 일에 재능을 사용하는 사람들이 이 세상에는 한둘이 아니다. 이런 사람들은 그가 비록 구원받았다 하더라도 그리스도의 심판석에서 부끄러움을 당하고 큰 손해를 보게 될 것이다.

『**그분 자신의 뜻으로 우리를 진리의 말씀으로 낳으셔서 우리로 그의 피조물들 가운데 첫열매들에 속한 자들이 되게 하셨으니**』(18절).

이 구절이 대환란 시대에 적용되므로 여기서 언급하는 『**우리를 진리의 말씀으로 낳으셔서**』라는 말씀 역시 대환란 시대의 거듭남을 말한다는 사실에 주목하라. 그러니까, 여기서 언급하는 거듭남은 그리스도의 몸 안에 들어감이 없이 이루어지는 거듭남이다. 이처럼 대환란 시대에는 사람들이 그리스도의 몸에 들어감이 없이도 거듭날 수가 있다. 이 구절은 이스라엘 민족에게 관련되는 구절로서, 대환란 기간에 진리의 말씀으로 이스라엘 민족이 출생될 것을 언급한다.

그리고 『**우리로 그의 피조물들 가운데 첫열매들에 속한 자들이 되게 하셨으니**』라는 말씀을 통하여 지금 야고보는 대환란 시대에 구원받게 될 유대인들의 부활에 대하여 언급하고 있는 중이다. 『**첫열매들**』이란 죽었다가 영원한 생명으로 다시 살아나 부활에 참여하게 된 사람들을 말한다. 이런 점에서 진짜 『**첫열매들**』은 예수 그리스도시다.

『**사망이 사람으로 말미암은 것같이 죽은 자의 부활도 사람으로 말미암는도다. 이는 아담 안에서 모든 사람이 죽은 것같이** 그리스도 **안에서 모든 사람을 살게 하려 함이라. 그러나 각자 자기의 서열대로 되리니** 그리스도**가 첫열매들이요, 그 다음은** 그리스도**께서 오실 때 그분께 속한 사람들이라**』(고전 15:21-23).

고린도전서 15장의 이 구절들은 『**첫열매들**』의 세 단계 서열에 대해서 설명하는 아주 중요한 구절들이다. 인간이 죽을 수밖에 없는 것은 누구 할 것 없이 모두가 아담의 후손이기 때문에 불가피한 일이다. 그러나 주 예수 그리스도를 믿고 그분을 구세주로 영접한 사람들은 영원한 생명을 얻기 때문에 죽더라도 다시 살아난다. 이것은 전적으로 예수 그리스도 덕분이다. 사람이 누구나 아담의 후손이기 때문에 아담으로부터 죄와 죽음도 물려받았다. 그러나 예수 그리스도를 믿고 거듭남으로써 그분의 몸 안으로 들어간 사람은 부활하신 그분으로부터 부활과 영생을 물려받는다. 당신이 아담의 후손인 채 그대로 남아 있으면 아담에게서 물려받은 죄로 인하여 죽을 수밖에 없지만, 아담에게서 벗어나 예수 그리스도의 몸 안으로 들어오면 그분께로부터 영원한 생명을 물려받아 다시 살아날 수 있게 되는 것이다.

그런데, 이렇게 『**첫열매들**』이 부활하는 데에도 서열이 있다고 고린도전서 15:23은 말씀한다. 그 서열의 첫 번째가 예수 그리스도셨고 주님께서 부활하셨을 때 무덤에서 살아 일어난 구약 성도들이었으며(마 27:52), 두 번째가 그리스도께 속해 있는 사람들로서 그분께서 공중 재림하실 때 부활하게 될 성도들이고, 세 번째가 대환란 기간에 구원받아 부활하게 될 환란 성도들이다. 이것은 마치 농사를 짓고 나서 열매가 익어 가는 순서에 따라 차례대로 수확하는 순서와도 같다. 밭에서 수확할 때, 당신은 처음 익은 열매부터 거둬들이게 된다. 이것이 『**첫열매들**』 가운데의 첫 번째 수확이다.

그 다음 주님께서 다시 오실 때 휴거될 그리스도인들이 두 번째 익어서 거둬들일 수확에 해당한다. 그리고 『**그후에는 끝이 오리니**』, 즉 세 번째가 마지막으로 익은 열매들의 수확이 될 터인데, 이것은 주님께서 대환란 끝에 지상 재림하셔서 환란을 평정하시게 될 때 있게 될 것이다.

야고보서 1:18은 대환란 시대에 적용된다는 점에서 이 구절에서의 『**첫열매들**』이란 대환란 시대에 하나님께서 『**진리의 말씀으로... 낳으셔**

서』 구원받고 부활하게 될 유대인들을 일컫는다. 그들은 지금 이 은혜 시대에 구원받는 게 아니기 때문에 그리스도의 몸 안으로 들어감이 없이 구원을 받는다. 대환란 기간에는 사람이 믿음과 행위로 거듭날 수는 있으되, 그리스도의 몸에는 들어가지 못한다.

『**그러므로 나의 사랑하는 형제들아, 사람마다 듣기는 빨리 하고, 말하기는 더디 하며, 성내기도 더디 하라. 이는 사람의 성내는 것이** 하나**님의 의를 이루지 못함이니라**』(19,20절).

유대인들은 대환란 기간 동안 말할 수 없는 고난을 겪게 되겠지만, 그런 가운데서도 끝까지 견디는 자는 구원을 받고 영원한 생명을 누릴 수 있도록 약속되어 있는 사람들이다. 그러므로 무슨 일에나 잘난 척하고 나서기를 좋아하고 말을 앞세우며 화를 잘 내는 경박한 사람이 되지 말고 다른 사람의 말을 다소곳이 들을 줄 아는 덕 있는 사람이 되라고 충고하는 말이다. 야고보서는 이런 점에서도 마치 잠언을 읽는 듯한 느낌을 준다.

『**그러므로 너희는 모든 더러움과 넘치는 악을 벗어 버리고, 너희 혼들을 구원할 수 있는, 심겨진 말씀을 온유함으로 받으라**』(21절).

영어 <킹제임스성경>은 이 구절에서 『**악**』이라는 뜻으로 “naughtiness”라는 단어를 사용하고 있는데, 이것은 무가치하고 헛되며 겉은 번지르르하되 알맹이가 없는 것을 말한다. 속성이 이러하다면, 이런 말을 하거나 이런 마음을 품는 사람은 야비하고 교활하기 마련인즉, 이것을 『**악**』이라고 표현하는 것은 적절하다. 교활하다는 것은 어찌 보면 지혜롭게 보이기는 하지만, 실은 겉으로만 번지르르하고 속은 텅 비어 있어 다른 사람에게 해악을 끼치고 타락시키기 때문에 이것은 『**악**』한 것이다. 따라서 성실하고 책임감이 있는 사람이라면 이런 말을 하지도 않고 이런 마음을 품지도 않는다. 우리를 유혹하는 이 세상의 육신적인 일들은 모두가 이런 것들이기 때문에 그리스도인들이 삶 가운데서 이런 것을 극력 피한다는 것은 지극히 당연한 일이다.

『**심겨진 말씀**』에서 "심겨졌다"(engrafted)는 것은 가지가 다른 나무에 접목되어서 한 나무가 된 것을 의미한다. 하나님의 말씀을 읽고 그 말씀을 진정한 마음으로 내 안에 받아들일 때, 그 말씀은 나에게 접목되어 나와 한 몸이 된다. 하나님의 말씀이 나에게 접목되었을 때, 그 가지에는 나의 열매가 아니라 그보다 더 좋은 성령의 열매가 달리게 된다.

우리는 하나님의 말씀을 이렇게 받아들임으로써 우리의 혼은 구원받아 영생과 함께 죽지 않게 되었고, 구원을 받은 뒤에도 진리인 하나님의 말씀을 영적 양식으로 삼아 하나님의 자녀다운 삶을 살게 되어야 하겠기에 그 말씀을 배격하지 말고 겸허하고 온유한 마음으로 받아야 한다고 충고한다.

1:22 그러나 너희는 말씀을 행하는 자가 되고, 단순히 듣기만 하는 자가 되어 자기 자신을 속이지 말라.

23 누구든지 말씀을 듣기만 하는 자가 되고 행하는 자가 되지 아니하면, 그는 거울로 자기의 타고난 얼굴을 보는 사람과 같으니,

24 이는 그가 자기를 보고는 가서 즉시 자기가 어떻게 생겼는지를 잊어버림이라.

25 그러나 자유의 온전한 법을 주시하고 그 안에 계속 머물러 있는

자는 듣고 잊어버리는 자가 아니라 오히려 실행하는 자니, 이 사람은 그의 행실로 복을 받으리라.

『**그러나 너희는 말씀을 행하는 자가 되고, 단순히 듣기만 하는 자가 되어 자기 자신을 속이지 말라**』(22절).

야고보는 21절에서 『**심겨진 말씀을 온유함으로 받으라.**』고 언급함으로써 말하자면, "말씀을 믿으라."고 해놓고는, 여기 22절을 『**그러나**』라는 접속사로 시작하여 반전을 꾀하면서 "행위"의 중요성을 강조하기를 결코 잊지 않는다.

야고보는 결코 행위의 중요성을 잊는 법이 없다. 19절에서 『**듣기는 빨리 하고, 말하기는 더디 하며**』라고 충고했던 야고보는 당신이 그의 가르침에 따라 정말로 "듣기만 하는" 사람이 될까봐 걱정이 되었던지, 여기 22절에서 『**말씀을 행하는 자가 되고, 단순히 듣기만 하는 자가**』 되지 말라는 경고를 덧붙인다. 『**행함이 없으면 믿음만으로는 죽은 것**』(2:17)이라고 굳게 믿고 있는 야고보로서는 이런 경고를 소홀히 할 수가 없다. 아닌 게 아니라 대환란 시대에는 믿음만으로는 구원을 받지 못하기 때문에, 행함을 강조하는 그의 가르침은 대환란을 거쳐야 하는 유대인들에게 있어 매우 중요한 게 사실이다.

지금 이 교회 시대에는 행위가 구원을 받기 위한 전제 조건이 되지 않지만, 구원받은 그리스도인에게 있어 믿음은 있으되, 그가 믿는 말씀을 행위로 실행하지 않는다면 그 믿음은 역동적으로 살아 있는 믿음이 될 수가 없다. 그러므로 믿음으로 말미암아 하나님의 은혜로 일단 구원받은 당신은 이제 그 믿음을 실천에 옮겨야 할 의무가 있는 것이다. 믿음을 실천에 옮긴다는 것은 당신이 믿고 있는 하나님의 말씀을 실행에 옮긴다는 뜻이다. 『**너희는 말씀을 행하는 자가 되고, 단순히 듣기만 하는 자가 되어 자기 자신을 속이지 말라.**』는 22절 말씀이야말로 현대의 형식적인 기독교에 일침을 놓는, 실로 위대한 구절이 아닐 수 없다. 그런 자들은 말씀을 알고 있고 또 말씀을 믿고 있다. 그렇기는 하되, 말씀을 실행하는 행동이 전혀 없는 자들이기 때문이다.

『**누구든지 말씀을 듣기만 하는 자가 되고 행하는 자가 되지 아니하면, 그는 거울로 자기의 타고난 얼굴을 보는 사람과 같으니,**』(23절).

성경은 마치 거울과도 같다. 당신은 성경을 들여다보고 거기에 반사되는 자신의 모습을 볼 수가 있다. 당신이 어떤 모습을 하고 있는 사람인가를 알려면 성경에 당신 자신을 비추어 보면 된다. 하나님의 말씀은 마치 유리 거울과도 같아서, 당신의 모습이 어떠한지를 정확하게 투영해 준다. 그러나 당신의 타고난 모습만을 보는 것으로 만족하지 말라는 게 본문에 담긴 본 뜻이다. 성경을 읽으면서 투영되는 당신 자신의 모습은 타고난 모습과는 딴판으로 변모돼 있어야 한다. 그래서 바울은 『**그러나 유리를 통해 보는 것같이 수건을 벗은 얼굴로 주의 영광을 보는 우리 모두는 주의 영으로 말미암은 것같이 영광에서 영광에 이르는 똑같은 형상으로 변모되느니라.**』(고후 3:18)고 언급한다. 당신이 성경을 읽고도 그 말씀들을 실행하지 않는다면, 당신은 겨우 타고난 자신의 얼굴을 보는 데 그치고 만다는 게 야고보의 말이고, 수건으로 눈을 가리고 자신을 들여다 본 것과 같다는 게 바울의 말이다. 그러나 당신이 성경을 읽으면서 마음이 그리스도께로 돌아서 있으면 그 수건은 벗겨지고 성경이라는 거울이 반사해 주는 당신 자신의 모습을 정확하게 보게 되는데, 그 모습은 당신의 타고난 모습과는 전혀 다르게 주님의 형상으로 변모돼 있을 것이라는 게 바울의 언급이다(고후 3:14-18).

당신은 또 성경을 읽는 데에 시간을 투자하면 할수록 그만큼 더 당신 자신의 참모습을 정확하게 볼 수가 있어 당신 자신에 대한 그릇된 환상을 버리게 된다. 그리고 그 거울 앞에서 점점 더 당신 자신의 모습을 바꾸어 나가다가 결국에는 변화된 당신 자신의 모습이 예수 그리스도의 모습을 닮아가게 된다. 이것이 바로 야고보가 말하는 『**심겨진 말씀**』, 즉 당신이 말씀이라는 나무에 접목된 상태가 돼 있는 것을 의미한다. 성경을 많이 읽으면 읽을수록 당신은 그 말씀들을 그만큼 더 실행에 옮길 수가 있게 된다.

『**그는 거울로 자기의 타고난 얼굴을 보는 사람과 같으니**』. 당신의 『**타고난 얼굴**』이야 보나마나 뻔하다. 이기적이고, 세상을 사랑하고, 하나님을 사랑함이 없으며, 정욕에 가득 차 있다. 다윗은 자기 자신을 두고 이렇게 고백하고 있다. 『**보소서, 내가 죄악 중에서 조성되었고 죄 중에서 내 어머니가 나를 배었나이다**』(시 51:5). 우리가 거듭나기 전 우리의 『**타고난**』 모습에 대하여 바울은 또 이렇게 신랄하게 기소하고 있다. 『**그들은 모든 불의, 음행, 사악, 탐욕, 악의로 가득 찼으며, 시기, 살인, 분쟁, 사기, 악독이 가득하며, 수군거리는 자들이요, 비방하는 자들이요,** 하나님을 **미워하는 자들이요, 모욕을 주며, 교만하며, 자기 자랑만 하며, 악한 일들을 꾀하는 자들이요, 부모를 거역하며, 몰지각하며, 약속을 저버리며, 무정하며, 화해하지 아니하며, 무자비한 자들이라**』(롬 1:29-31).

갈라디아서 5:19-21에서는 또 이렇게 고발하고 있다.

『**이제 육신의 일들은 분명히 나타나나니 곧 간음과 음행과 더러운 것과 음욕과 우상 숭배와 마술과 원수 맺음과 다툼과 질투와 분노와 투쟁과 분열과 이단들과 시기와 살인과 술 취함과 흥청거림과 또 그와 같**

은 것들이라.』

이런 우리가 예수 그리스도를 믿고 그분을 구세주로 영접함으로써 구원받았다. 그러고 나서 성경이라는 거울을 들여다보니 우리의 모습은 조금도 달라진 게 없이 옛 모습 그대로다. 얼굴이 화끈거려 외면하고 싶지만, 그렇다고 성경에서 눈을 떼고 뒤돌아서면 금세 자기 자신의 그 더러운 모습을 잊어버리게 되는지라, 구원받아 하나님의 자녀가 되었다고 하면서도 그리스도를 닮기는커녕 하나님의 자녀다운 데가 하나도 없게 되고, 하나님의 말씀을 실천하기는커녕 세상 죄인들보다 나은 데가 하나도 없다. 당신이 거울을 들여다보는 목적이 어디에 있는가? 당신 자신의 아름다움을 스스로 감상하려는 것인가? 하긴 그런 사람도 없지는 않다. 이런 사람이야말로 19절에서 언급한 것처럼 헛되고 무가치하며 알맹이가 없는 일에 자기 혼을 빼앗기는 사람이다. 이런 사람은 수건으로 눈을 가리고 거울을 들여다보는 사람이다. 당신은 자신의 잘못된 모습을 바로잡기 위해서 거울을 들여다보아야 한다. 얼굴에 티가 묻었나 살펴보고 그것을 닦아 내고, 머리카락이 헝클어졌으면 그것을 가지런히 다시 빗으며, 넥타이가 비뚤어졌으면 고쳐 매야 한다. 당신이 성경을 읽는 것은 여기에 목적이 있다. 하루하루 성경을 읽고 당신의 모습을 고쳐 나갈 때, 그런 시간들이 쌓이고 쌓여서 결국 당신의 모습이 주님을 닮아 가게 되는 것이다. 하나님의 말씀은 당신을 변화시키는 능력이 있다.

『**이는 그가 자기를 보고는 가서 즉시 자기가 어떻게 생겼는지를 잊어버림이라**』(24절).

성경을 읽고도 말씀들을 실행하지 않는다면, 거울을 들여다본들 자기가 어떻게 생겼던가를 금세 잊어버린 사람과도 같아서 아무 소용이 없다. 성경을 읽고도 말씀을 금방 망각해 버린다거나, 무시해 버린다거나, 삶에 반영시키지 않는다면, 이런 사람은 도저히 그리스도를 닮아갈 수 있는 사람이 아니다.

『**그러나 자유의 온전한 법을 주시하고 그 안에 계속 머물러 있는 자는 듣고 잊어버리는 자가 아니라 오히려 실행하는 자니, 이 사람은 그의 행실로 복을 받으리라**』(25절).

교리적으로 볼 때, 야고보는 지금 대환란 시대에 유대인들이 어떻게 구원받아야 할 것인가에 대해 언급하고 있지만, 영적으로는 얼마든지 그리스도인들에게 적용할 수 있는 말씀이다. 『**온전한 법을 주시하고**』, 즉 성경에서 눈을 떼지 않고 열심히 읽고, 『**그 안에 계속 머물러 있는 자는**』, 즉 하나님의 말씀 안에 항상 거하는 당신은, 『**듣고 잊어버리는 자가 아니라 오히려 실행하는 자니,**』 당신은 마침내 하나님의 말씀들을 실천에 옮기는 진짜 그리스도인다운 사람으로 변모되어 간다. 『**이 사람은 그의 행실로 복을 받으리라.**』 말씀과 믿음을 실행에 옮기는 당신은 하나님께로부터 복을 받을 것이다. 성경을 통하여 자신이 어떤 모습이고 지금 어디에 서 있는가를 살펴보고 새롭게 변화되는 것 자체가 하나님의 은혜요, 복이다. 변화된 사람은 반드시 말씀을 실천하는 삶을 살게 된다. 당신이 정말로 변화되었다면, 당신의 인생관이나 세계관이나 미래관과 가치관이 과거와는 180도 달라지게 된다. 당신은 아주 새로운 비전과 소망 가운데서 세상을 바라다보고 당신 자신을 바라다보면서 더욱더 은혜 안에서 성장하게 된다. 그러한 당신은 모든 점에서 달라져서 주님께서 당신에게 요구하시고 명령하시는 것들을 반드시 행하려고 노력하는 장성한 믿음의 소유자로 바뀌게 된다. 그런 당신은 복을 받은 사람이다. 당신이 변화되고 성장하기를 거부한다면 당신은 언제까지나

갓난아기 신세를 면치 못한다. 당신 나이가 30세, 40세, 50세가 되도록 갓난아이 그대로 있다면, 그런 당신을 보고 하나님의 은혜 가운데서 복 받은 사람이라고 말할 수 있겠는가?

『**자유의 온전한 법**』이란 생소한 표현으로, 그리스도인의 표현법은 아니다. 갈라디아서 5:1은 이렇게 말씀한다. 『**그러므로 그리스도께서 우리를 자유케 하신 그 자유 안에 굳게 서서 다시는 종의 멍에를 메지 말라.**』 그리스도로 말미암아 우리는 율법에서 해방되어 자유롭게 되었다. 그러므로 다시 율법으로 돌아가 『**종의 멍에**』를 메는 것은 어리석고 무의미한 일이다. 그러나 야고보는 그 율법이 『**자유의 온전한 법**』이라고 표현한다. 대환란 시대에는 믿음뿐만 아니라 율법이 요구하는 행위로 구원을 받게 된다는 점에서 보면 구원으로 이끄는 율법은 『**자유의 온전한 법**』이라고 말할 수 있다. 하지만, 『**자유의 온전한 법**』을 그리스도인들에게 영적으로 적용하여 세상의 육신적인 모든 더러운 것들로부터 해방시켜 주는, 그리하여 예수 그리스도와 일치된 그리스도인으로 만들어 가는 하나님의 말씀을 일컫는 것으로 받아들여도 무리가 없다.

1:26 **너희 가운데서 종교적으로 보이는 어떤 자라도 자기 혀를 제어하지 아니하고 자신의 마음을 속인다면, 이 사람의 종교는 헛된 것이라.**

27 **하나님 곧 아버지 앞에서 순수하고 더럽혀지지 않은 종교** ***행위***는 **이것이니, 즉 고난 중에 있는 고아들과 과부들을 돌아보는 것과 자신을 세상으로부터 흠 없이 지키는 것이라.**

『너희 가운데서 종교적으로 보이는 어떤 자라도 자기 혀를 제어하지 아니하고 자신의 마음을 속인다면, 이 사람의 종교는 헛된 것이라』(26절).

야고보는 여전히 유대인 열두 지파를 향하여 계속 말하고 있는 중인데, 『**종교적**』이라는 말은 "행위"를 중요시하는 사람을 두고 하는 말이다. 지금 이 은혜 시대에도 "행위"에 의한 구원 교리를 가르치는 이단들은 한결같이 『**종교적**』이다. 지금의 교회 시대에는 『**종교적**』으로는 절대로 구원받을 수가 없다. 지금은 오직 "믿음"으로 구원받는 시대이기 때문이다. 설사 구원받은 그리스도인들이 말씀을 행위로 나타냄으로써 그리스도인다운 행실을 보여주는 것이 중요하다 할지라도 그 행위가 율법이나 의식에 토대를 둔 『**종교적**』 행위가 아니라 오직 믿음에 토대를 둔 행위여야만 한다. 그러나 대환란 시대에는 유대인들이 『**종교적**』이 되지 않으면 안 된다. 왜냐하면, 그 시대에는 믿음뿐만 아니라 율법에 따른 행위가 또 요구되기 때문이다.

그런데, 겉으로는 『**종교적으로 보이는 어떤 자**』가 혀를 통제하지 못하고 함부로 지껄인다면, 그는 사실상 『**종교적**』인 사람이 아니라고 이 구절은 경고한다. 사람이 『**입에 재갈을 물려**』 『**혀**』를 제어하고 『**말**』을 조심해야 된다고 강조해서 가르치기로 말한다면, 성경에서 야고보서 3장을 따를 장이 없다. 야고보서 3장은 열 여덟 절 전체가 『**혀**』에 대해서 집중적으로 언급한다.

『하나님 곧 아버지 **앞에서 순수하고 더럽혀지지 않은 종교** *행위*는 **이것이니, 즉 고난 중에 있는 고아들과 과부들을 돌아보는 것과 자신을 세상으로부터 흠 없이 지키는 것이라**』(27절).

야고보는 지금 『**종교**』에 대해 정의를 내리고 있다. 그는 지금 "구원"

의 정의를 내리고 있는 게 아니다. 『**종교**』는 인간의 "행위"다. 『**종교**』는 이 시대의 "구원"과는 무관하다. 구원은 인간의 행위도 아니요, 인간의 행위로 이룩되는 것도 아니며, 순전히 하나님께서 믿는 죄인에게 은혜로 주시는 것이다. 이 구절에 따르면 『**종교**』란 첫째, 『**고난 중에 있는 고아들과 과부들을 돌아보는 것**』, 둘째, 『**자신을 세상으로부터 흠 없이 지키는 것**』이다. 진정한 종교는 자신을 세상과 격리시키는 것이다. 이것은 구원과는 다르다. 구원은 세상과 죄에 대하여는 죽되, 하나님에 대하여는 다시 사는 것이요, 다시 살되, 세상과 격리되는 것이 아니라 오히려 세상으로 들어가 그리스도를 증거하고 복음을 전파하며 죄인들의 혼을 이겨 오는 일에 열심을 다한다. 그렇다고 해서 세상을 본받지도, 세상일에 흥미를 갖지도 않는다. 『**종교**』는 세상으로부터 자신을 격리시키고 세상과 등지는 것을 말한다. 이렇게 볼 때, 요즘 세상에는 진정한 『**종교**』가 실종된 상태다. 왜냐하면, 『**종교**』를 표방하는 자들이 온갖 세상일에 간여하고 세상일에 연루되며, 세상일에 욕심을 내기 때문이다. 그렇다고 구원의 복음을 전하는 것도 아니다. 그들은 단지 헛된 세상의 행복을 전하며 사람들을 유혹하는 일에 흥미를 갖는다. 그리고 그 대가로 돈을 버는 일에 눈독을 들인다. "기독교"를 표방하는 모든 타락한 교회들이 그러하고, 이에 뒤질세라 다른 종교들도 마찬가지다. 그들은 자신들이 "종교인들"이라고 말하지만, 사실은 종교인들도 못되는 자들이다. 그러니까, 그런 자들이 겉으로는 『**종교적으로**』 보일는지 모르지만, 그들이 『**종교는 헛된 것이라.**』는 26절의 말씀 그대로 그들은 『**헛된**』 자들이다. 그들이 정말로 『**종교적**』이려면 "구원"과는 거리가 멀더라도 최소한 세상과 세상 제도로부터는 분리돼 있지 않으면 안 된다.

『**종교**』란 세상에 대하여 외적인 자기 성냥화가 가능해야 한다. 다시 말해서, 『**종교적**』이기 위해서는 세상과 세상 제도들이 잘못돼 있는 데 대하여 자기네들만은 정당하다는 것을 증명할 수 있어야 한다. 이에 반하여 "구원"은 내적인 자기 정당화가 가능해야 한다. "구원"은 세상이야 뭐라고 말하고 어떻게 생각하건, 자기 자신에 대해서만큼은 내적인 확신이 있어야 하고 하나님께서 확인해 주실 수 있는 것이어야만 한다. 왜냐하면, "구원"은 하나님께서 개인의 내면에서 이루어 주시는 것이기 때문이다.

종교는 당신 스스로가 이룩해 나갈 수 있지만, 구원은 당신 스스로가 이룰 수 있는 게 아니다. 따라서 종교는 외적이고 구원은 내적이다. 종교는 당신이 일단 구원받고 나서 하나님의 나라 시민이 된 다음 하나님께서 당신에게 요구하고 명령하는 것들을 행동으로 나타내는 것이다. 그러나 구원은 당신이 스스로 할 수 없는 것을 하나님께서 해주신 것이다.

과거에 감리교에서는 종교를 통하여 구원에 이르려고 시도했다. 지금도 특히 흑인 감리교 신자들과 일부 백인 감리교 신자들이 여전히 종교적인 행위를 통하여 구원을 받는 것으로 착각하고 있다. 그들은 구원받기 위하여 『**종교적**』이기를 강요한다. 그러나 종교는 당신이 지옥에 가는 것을 막아 주지 못한다. 종교로써는 절대로 구원받을 수가 없다는 말이다. 예수 그리스도께서 바리새인들을 꾸짖으셨던 이유가 바로 여기에 있었다. 바울 역시 먼저 종교로 시작하는 어리석음을 범했다가 회심했던 사람이다. 그래서 그는 다음과 같이 고백했다.

『**너희는 내가 유대교에 있었을 때의 내 행실을 들었거니와 나는** 하나님의 **교회를 몹시 박해하였으며 황폐시켰고 나의 동족 가운데 많은 동년배들보다도 유대교를 믿는 일에 앞서 있었으며 내 조상들의 전통을 지키는 데 더욱더 열성을 내었느니라. 그러나 나의 어머니의 태로부터**

나를 선별하시고 그의 은혜로 나를 부르신 하나님**께서 나로 하여금 이방 가운데 그를 전파하도록 내 안에 그의** 아들을 **계시하시기를 기뻐하셨을 때에 내가 즉시 혈과 육에 의논하지 아니하고**』(갈 1:13-16).

유대교는 종교였다. 지금도 마찬가지로 유대교는 종교다. 따라서 유대교는 구원과는 무관하다. 하나님께서는 유대교라는 『**종교**』에 매여있던 바울을 그 『**종교**』로부터 갈라놓으신 다음 『**은혜로**』 구원받게 해주셨다. 그리하여 바울은 『**혈과 육**』이라는 외적인 요인들로부터 해방된 다음 『**이방 가운데 그를 전파**』함으로써 구원받은 사람으로서의 올바른 행동 실천에 몰두했던 것이다.

야고보서 2장

2:1 **나의 형제들아, 영광의** 주, **곧 우리** 주 예수 그리스도**의 믿음을 사
람들의 외모로 취하지 말라.**
2 **만일 너희 집회에 금가락지를 끼고 화려한 옷을 입은 사람이 들
어오고, 또 남루한 옷을 입은 가난한 사람이 들어올 때에**
3 **화려한 옷을 입은 사람을 보고 말하기를 "여기 좋은 자리에 앉으
시오." 하고, 또 가난한 사람에게 말하기를 "거기 서 있든지 여기
내 발판 아래 앉든지 하라."고 한다면**
4 **너희는 너희 가운데 차별하며 또한 악한 생각으로 판단하는 자가
되는 것이 아니냐?**

『**나의 형제들아, 영광의** 주, **곧 우리** 주 예수 그리스도**의 믿음을 사람들의 외모로 취하지 말라**』(1절).

이 말씀은 주 예수 그리스도를 믿는 사람들의 믿음을 귀하게 여기고

존중하되, 사람들의 외모를 보고 그 믿음을 평가하지 말라는 훈계이다. 이것은 곧 영광의 주 예수 그리스도를 믿되, 그 믿음이 어떻게 작용하고 활동하여 밖으로 발현되고 있는가를 보고 그 믿음을 귀하게 여기는 동시에 또 이런 믿음을 가진 사람들을 존중하라는 가르침인 것이다. 그런데 여기서는 『**주 예수 그리스도의 믿음을**』 가진 사람들에게 말하는 것이기 때문에, 여기서의 『**나의 형제들**』은 영적 유대인을 지칭할 수 있지만, 일반서신에서는 『**형제**』라는 단어가(요일 3:15, 약 5:19) 교리적으로 대환란 때 그리스도의 『**형제들**』 가운데 하나로서의 "유대인"을 의미한다(마 28:10; 25:40). 사도행전 15:23에서는 『**형제**』라는 단어가 유대인들과 대조되는 "이방인" 그리스도인들을 위해서 사용된다(행 15:1,3,23).

『**만일 너희 집회에 금가락지를 끼고 화려한 옷을 입은 사람이 들어오고, 또 남루한 옷을 입은 가난한 사람이 들어올 때에**』(2절).

여기서 『**집회**』는 "에클레시아"(ἐκκλησία)가 아니라 "수나고게"(συναγωγή), 즉 "시나고그"(synagogue, 유대인의 집회)이다.

『**화려한 옷을 입은 사람을 보고 말하기를 "여기 좋은 자리에 앉으시오." 하고, 또 가난한 사람에게 말하기를 "거기 서 있든지 여기 내 발판 아래 앉든지 하라."고 한다면 너희는 너희 가운데 차별하며 또한 악한 생각으로 판단하는 자가 되는 것이 아니냐?**』(3,4절).

부자에게는 좋은 자리에 앉도록 상석을 권하고 가난한 사람에게는 말석에 앉든지 말든지 신경조차 쓰지 않는다. 왜 그러는 것일까? 문제는 돈이고, 돈을 사랑하기 때문인 게 분명하다. 사람이 돈을 사랑하고 물질을 숭상하는 것은 예나 지금이나 마찬가지인가 보다. 그래서 사람들은 영광을 얻기 위해 돈 벌어 부자가 되려고 혈안이 된다.

사실상 부자와 가난한 자를 사람 차별하는 것은 기본적으로 『**악한 생각**』(4절)이 깔려 있기 때문이다. 돈이 있어 보이는 사람한테서 돈을 뜯어내 보려는 치사한 생각 말이다. 그래서 성경은 『**돈을 사랑하는 것이 모든 악의 뿌리**』(딤전 6:10)라고 말씀한다. 이런 현상은 사람이 모이는 곳이면 어디서나 나타나는 현상이다. 한번 잘 관찰해 보라. 이것은 교회도 마찬가지고, 심지어는 목사들만 모인 자리도 마찬가지다. 목사들이 모이는 어떤 집회에 가보면 돈 많은 큰 교회 목사가 어떤 형태로든 다른 사람들보다 더 융숭한 대접을 받는 모습을 얼마든지 볼 수 있고, 그들 자신도 그게 당연하다는 듯 그렇게 대접받기를 기대하며 거드름 피우는 꼴을 얼마든지 보게 된다. 나는 지금 이 순간에도 이런 사람들 네 사람이 금방 마음에 집힌다. 어느 자리에서나 이들은 따뜻한 환영을 받고 사람들이 이들 주변을 둘러싸고는 갖가지 방식으로 우정을 표시하며 아첨들을 떠는 광경을 보지만, 그들 주변에서 우리가 배우고 얻을 만한 특별한 게 뭐라도 정말 있는가 하면 실은 아무것도 없다. 문자 그대로 아무것도 없다. 이들이 자기들 딴에는 확신을 갖고 하나님의 일을 하고 있다고 생각할는지 모르지만, 그들이 활동하고 있는 영역을 들여다 볼 때, 그들은 우리가 걸어가야 할 길과는 전혀 다른 길을 가고 있는 사람들이다. 그들은 처음에는 우리들과 같은 길을 가고 있었지만 잠시 후 곧 헤어지고 만 사람들이다. 이것은 마치 기차와도 같아서 출발 정거장에서 떠날 때는 여러 사람이 타고 한자리에 앉아 같은 방향을 향해 달리고 있었지만, 얼마쯤 가다가 보니 도중 정거장에 설 때마다 한 사람, 두 사람씩 내려놓고 다시 떠나는 그런 기차 말이다. 처음 떠날 때는 백 명도 넘게 태우고 출발했었건만 종착역에 당도해 보니 함께 떠났던 일행 중 두 세 사람밖에 남아 있지 않는 그런 기차와도 같다.

부자들과 우정을 쌓아 가는 것 자체가 나쁠 거야 하나도 없다. 부자들과 가깝게 교분을 나누느라고 그 대신 가난한 사람들과의 교제를 끊고 마는 게 아니라면 말이다. 당신이 주님과 나누고 있는 교제가 어디 수입 액수에 따라 유지되는 것이던가? 그런데도 일요일 교회 주차장 안을 들여다보았을 때, 캐딜락이나 링컨 컨티넨탈 같은 고급 승용차들만 즐비하게 들어서 있다면, 여기에는 무엇인가가 잘못되어 가고 있는 게 분명하다. 허름한 포드 웨건 차를 몰고 교회에 갔다가 주차장에 세워두려고 안을 들여다보았더니 아무래도 격에 맞지 않아 주차장 바깥 어딘가 멀찍이 떨어진 곳 한구석에 세워 두어야 할 형편이라면, 여기에는 분명 문제가 있다는 말이다. 현대 미국인들은 사람들과 사귀고 친교를 맺으려면 그 사람의 사회적 지위나 버는 돈의 액수를 보고 접근하는 게 현명하고 똑똑한 사람이라고 생각하는 세상이 되었다. 그들은 사전에 이런 것도 따져 보지 않은 채 사회적으로 명성도 날리지 못하고 돈도 없는 가난뱅이들과 교분을 나누는 것은 멍청이 짓이라고 여기는 것이다. 내가 가령, 전천년주의 성경대로 믿는 사람들의 대회를 개최한다고 대대적으로 광고를 하면서 밸버듀어 공원이나 칼도바 공원 한 옆 넓다란 빈터에 대형 천막을 하나 쳐놓고 사람이 많이 모이기를 기대한다면, 더구나 거기에 메이어 잭슨이라든가, 올더 스폴러라든가, 제이 하일즈 스미스 같은 사람들을 초청 인사로 모신다고 해도, 그 천막 집회에 과연 몇 사람이나 모여들 것 같은가? 아마 운이 좋아야 30명 정도 모이면 다행일 것이다. 왜 그런지 아는가? 아무리 성경대로 믿는 사람들의 대대적인 집회라 할지라도 요즘 사람들은 천막이 제아무리 넓지해도 그 속으로 기어 들어오는 것을 죽기보다 싫어하기 때문이다. 세상은 이미 이렇게 변했고, 사람들은 내면적인 가치와 질보다는 외면적인 껍데기에만 관심을 갖는 형편없는 인간들이 돼 버렸다. 그들의 관심사는 돈 많이 버는 사람들과 친구 삼는 일인지라, 사람을 외모로만 판단하지, 그 사람의 믿음이나 인격 따위는 따지지 않는다.

2:5 **나의 사랑하는 형제들아, 경청하라.** 하나님**께서는 이 세상의 가난한 자들을 택하시어 믿음 안에서 부요하게 하시고, 자기를 사랑하는 자들에게 약속하신 그 왕국의 상속자들로 삼으신 것이 아니냐?**
6 **그런데 너희가 가난한 자들을 멸시하였도다. 부자들은 너희를 압제하고 또 재판석 앞으로 끌고 가지 아니하느냐?**
7 **너희를 일컫는 그 아름다운 이름을 모독하는 자들은 그들이 아니냐?**

『**나의 사랑하는 형제들아, 경청하라.** 하나님**께서는 이 세상의 가난한 자들을 택하시어 믿음 안에서 부요하게 하시고, 자기를 사랑하는 자들에게 약속하신 그 왕국의 상속자들로 삼으신 것이 아니냐?**』(5절).

하나님께서 『**이 세상의 가난한 자들을 택하시어 믿음 안에서 부요하게**』 하시는 것은 대환란 때의 일이다. 여기서 『**가난한 자들**』이란 1장 9,10절에서도 이미 언급한 바와 같이 대환란이 계속되는 동안 악에 대항하느라고 자기의 재산이나 돈을 모두 포기하고 거지 신세가 된 사람들을 말한다. 이들은 믿음을 지키느라고 자신의 재산과 부유를 버린 사람들이므로, 하나님께서 그 대신에 『**믿음 안에서 부요하게**』 하신 사람들이다.

『**자기를 사랑하는 자들에게 약속하신 그 왕국의 상속자들로 삼으신 것이 아니냐?**』 이 구절에서 『**자기를 사랑하는 자들**』이란 말로써가 아니라 실제적으로 하나님을 사랑한 사람들을 말한다. 가령, 로마서 8:28

의 『**우리가 알거니와** 하나님을 **사랑하는 자들, 곧 그분의 목적에 따라 부르심을 받은 자들에게는 모든 일이 합력하여 선을 이루느니라.**』는 말씀에서 『하나님을 **사랑하는 자들**』이란 『**그분의 목적에 따라 부르심을 받은 자들**』, 즉 구원받은 사람들만을 말한다.

당신이 예수 그리스도를 믿고 구원받았다면, 당신은 『**그분의 목적에 따라 부르심을 받은**』 사람이다. 따라서 로마서 8:28에서 언급하는 『하나님을 **사랑하는 자들**』이란 교리적인 언급인데 반하여, 야고보서 2:5의 『**자기를 사랑하는 자들**』이란 실제적이고도 일반적인 언급으로, 당신이 다른 누군가를 사랑하는 것과 똑같은 맥락에서 하나님을 사랑하는 것을 말한다. 예수 그리스도를 믿고 구원받은 그리스도인은 구원받고 난 후 하나님에 의하여 그리스도 안에서 『**자기** 아들**의 형상과 일치하게 하시려고 또한 예정**』(롬 8:29)된 사람으로서의 『하나님을 **사랑하는 자들**』이요, 또 『**그분의 목적에 따라 부르심을 받은 자들**』로서의 하나님을 사랑하는 자들이지만, 야고보서 2:5에서의 『**자기를 사랑하는 자들**』이란 그런 특별한 의미를 떠나 일반적인 의미에서 보통으로 하나님을 사랑하는 사람들을 말한다.

이들은 하나님께서 『**약속하신 왕국의 상속자들로 삼으신**』 바가 된 사람들이라고 야고보는 여기서 언급한다.

『**그런데 너희가 가난한 자들을 멸시하였도다. 부자들은 너희를 압제하고 또 재판석 앞으로 끌고 가지 아니하느냐?**』(6절).

부자들이 압제하는 바람에 덩달아서 가난한 사람들을 멸시하게 된 사람들, 그리하여 부자들이 가난한 사람들을 억울하게 재판석 앞으로 끌고 가는데도 모른 척하는 사람들이야 지금 이 시대에도 숱하게 많지만, 대환란 시대가 되면 훨씬 더 많아질 것이다.

『**너희를 일컫는 그 아름다운 이름을 모독하는 자들은 그들이 아니냐?**』(7절).

『**아름다운 이름**』이란 예수 그리스도를 일컫는다. 대환란 시대가 되면 예수는 그렇고 그런 사람이라고 함부로 지껄이면서 그분을 모독하게 될 부자들이 아주 많아질 것이다. 그래야 자신들의 재산을 지키고 살아남을 수 있을 테니까 말이다. 이들에게 있어 구원 따위는 안중에도 없다.

2:8 너희가 정녕 성경대로 "네 이웃을 네 자신과 같이 사랑하라."는 왕의 법을 지키면 잘하는 것이라.
9 그러나 너희가 사람을 외모로 취하면 죄를 짓는 것이니 율법이 너희를 범죄자로 정죄할 것이라.
10 누구든지 율법 전체를 지키다가 하나를 범하면, 전체를 범한 자가 되느니라.
11 이는 "간음하지 말라." 하신 분이 또한 "살인하지 말라."고 하셨음이니, 네가 비록 간음하지 않았어도 살인하면 율법을 범한 자가 되느니라.
12 너희는 자유의 법에 따라 심판받을 사람처럼 말하며 행동하라.
13 자비를 베풀지 않은 자에게는 자비 없는 심판이 있으리라. 자비는 심판을 이기고 기뻐하느니라.

『**너희가 정녕 성경대로 "네 이웃을 네 자신과 같이 사랑하라."는 왕의 법을 지키면 잘하는 것이라**』(8절).

『**네 이웃을 네 자신과 같이 사랑하라.**』는 법은 『**자유의 법**』(12절)이요, 또 로마서 13장이 천명하는 신약의 법이기도 하다. 『**사랑은 자기 이웃에게 악을 행치 아니하느니라. 그러므로 사랑은 율법의 완성이니라.**』(롬 13:10)고 성경은 말씀한다. 그래서 이것은 최상의 법이고, 곧 『**왕의 법**』이다.

『**그러나 너희가 사람을 외모로 취하면 죄를 짓는 것이니 율법이 너희를 범죄자로 정죄할 것이라**』(9절).

사람을 외모로 취하여 부자들을 존대하고 가난한 사람들을 멸시하는 것은 『**죄를 짓는 것**』이라고 단호하게 언급한다. 사람을 사회적 지위나 재산 상태에 따라 차별하는 것은 자칫하면 범하기 쉬운 죄지만, 그리스도인으로서 이런 죄를 짓지 않도록 주의한다는 게 사실은 그렇게 어려운 것도 아니다. 누구든 간에 당신이 사람을 상대할 때, 다른 것 볼 것 없이 그 사람의 혼만 상대하면 되기 때문이다. 이런 점에서 사실 나는 잭 하일즈 같은 사람을 대단히 높이 평가한다. 그가 운영하는 기관이 비록 부분적으로 잘못하는 일이 없지 않은 것도 사실이지만, 잭 하일즈를 개인적으로 볼 때, 그는 최소한 사람들에 대해서만큼은 부자건, 가난한 사람이건, 흑인이건, 백인이건, 그런 사람의 외모를 가리지 않고 사람의 혼만을 상대로 하여 사역할 수 있는 능력을 가진 사람이다. 그는 정말이지 사람에 대해서만큼은 진실한 사랑을 소유한 사람이라고 나는 믿어 의심치 않는다. 그가 어느 지방에 가서 누구를 만나건, 부자인지 가난한 사람인지를 가리는 법이 없고 젊은이나 늙은이나, 피부색에 상관없이 누구나 다 만나 그 사람들의 혼들만을 상대로 다룬다. 당신도 잭 하일즈처럼 이것을 명심하고 사람의 혼만을 보고 상대해야만 그들을 그리스도께로 인도할 수 있게 된다.

그렇다고 해서 가난한 사람들을 가난하다고 특별히 우대하는 것도 옳지 않다. 이것은 미합중국의 연방 정부나 하는 얄팍한 짓이다. 법을 위반하고 행패를 부리더라도 가난한 사람이라고 해서 특별히 관대히 대하는 것 역시 부자라고 봐주고 높여 주는 것이나 마찬가지로 옳지 못한 일이다. 성경은 가난한 사람들을 도와주라고 우리에게 가르치고 있지만, 그렇다고 해서 빈곤이 무슨 특권이라도 되는 양 여기지는 않는다.

『**누구든지 율법 전체를 지키다가 하나를 범하면, 전체를 범한 자가 되느니라**』(10절).

이 말씀은 누구나 암송하고 있어야 할 위대한 구절이다. 율법은 마치 여러 가닥을 모아 꼬아놓은 밧줄과 같아서 한 가닥이 끊어지면 전체가 위태로워지기 마련이다. 가령, 천장에 높이 매달려 있는 샹드리아를 생각해 보라. 무거운 샹드리아를 붙잡고 있는 여러 가닥의 줄 가운데 하나가 끊어지는 날에는 무게를 이겨 내지 못하고 전체가 끊어져, 무거운 샹드리아는 바닥에 떨어져 박살이 나고 만다. 율법이 마치 이와 같아서 『**전체를 지키다가 하나를 범하면, 전체를 범한**』 것과 똑같은 결과를 가져오게 된다.

『**이는 "간음하지 말라." 하신 분이 또한 "살인하지 말라."고 하셨음이니, 네가 비록 간음하지 않았어도 살인하면 율법을 범한 자가 되느니라**』(11절).

『"**간음하지 말라.**"』는 율법이나 『"**살인하지 말라.**"』는 율법이 다 같은 율법이요, 이를 정하신 분도 같은 하나님이시므로, 어느 쪽을 어기건 같은 분께서 심판주가 되신다.

『**너희는 자유의 법에 따라 심판받을 사람처럼 말하며 행동하라**』(12

절).

법을 어겼을 때 설사 십계명에 의하여 심판을 받지 않을는지는 모르지만, 『**자유의 법**』에 의하여 심판을 받는다고 생각하고 말하고 행동하라고 충고한다. 『**자유의 법**』에 관한 교리적 설명은 야고보서 1:25에 관한 주석을 참고하라. 본문의 『**자유의 법**』을 그리스도인들에게 영적으로 적용하면, 당신은 지금 은혜 아래에 있으므로 율법에서 자유로워졌지만, 그 자유 속에서 자신의 의지에 따라 행한 어떤 언행이 올바르지 않을 때, 그 자유의 법이 당신을 심판하게 된다고 적용할 수 있다. 자유는 옳게 행동할 권리를 부여하는 것이지, 그릇된 행동을 제멋대로 자행해도 괜찮다는 허가증이 아니다.

『**자비를 베풀지 않은 자에게는 자비 없는 심판이 있으리라. 자비는 심판을 이기고 기뻐하느니라**』(13절).

이 구절 역시 대환란 시대의 분위기를 물씬 풍긴다. 다른 사람에게 자비를 베풀지 않은 사람은 심판을 받되, 그 심판 또한 자비가 없는 무자비한 심판이 될 것이라고 경고하고 있다. 이런 심판이 무섭거든 자비를 베풀면 된다. 하나님께서는 자비를 기뻐하시지, 심판을 기뻐하시는 분이 결코 아니시다. 『**너희는 가서 '나는 자비를 원하고 희생제를 원치 아니하느니라.'는 말씀의 의미를 배우라.**』(마 9:13)고 주님께서도 말씀하셨다.

2:14 나의 형제들아, 만일 누가 믿음을 가지고 있다 하면서 행함이 없다면 무슨 유익이 있겠느냐? 믿음이 그를 구원할 수 있겠느냐?
15 만일 형제나 자매가 헐벗고 그 날의 양식조차 없는데

16 **너희 중에 누가 그들에게 말하기를 "평안히 가라. 몸을 따뜻하게**
하고 배부르게 먹으라."고 하면서 그 몸에 필요한 것들을 주지 않
는다면 무슨 유익이 있겠느냐?
17 **그와 같이 행함이 없으면 믿음만으로는 죽은 것이라.**
18 **그러면 어떤 사람이 말하기를 "네게는 믿음이 있으나 내게는 행**
함이 있으니, 행함이 없는 네 믿음을 내게 보이라. 그러면 내가
행함으로 내 믿음을 네게 보이리라." 하리라.

자, 14절부터 26절까지 우리는 이제 아주 유명한 구절들을 살펴보게 될 텐데, 캠벨주의자들이나 몰몬교, 그리스도의 교회, 안식교, 은사주의자들, 로마 카톨릭, 루터 교회, 장로교 등과 같은 수많은 교파들이 너도나도 꼭 붙잡고 매달리는 구절들이지만, 교리적으로는 바울 서신서와 정면으로 배치되는 내용을 담고 있는 곳이 바로 여기다.

행위로 의롭게 된다고 가르치고 있는 곳이 바로 이 부분이기 때문에 자기 의를 곧잘 내세우는 자들은 너도나도 여기 야고보서 2장으로 우르르 몰려들기 마련이다. 그래서 우리는 이 구절들을 다루면서 아주 세심하게 주의하고 또 경계하지 않으면 안 된다.

『**나의 형제들아, 만일 누가 믿음을 가지고 있다 하면서 행함이 없다면 무슨 유익이 있겠느냐? 믿음이 그를 구원할 수 있겠느냐?**』(14절).

『**만일 누가 믿음을 가지고 있다 하면서**』. 자, 뭐라고 언급하고 있는가? 어떤 사람이 자기가 믿음이 있다고 "말하면서"라고 기술하고 있다. 야고보는 이 자가 진짜로 믿음을 가졌다고는 말하지 않는다. 야고보는 이 자가 진짜로 구원받았다고도 말하지 않는다. 다시 말해서, 이 사람은 자기가 믿음을 가졌다고 "입으로만 말한다."는 것이다.

『믿음이 그를 구원할 수 있겠느냐?』 아니, 그럴 수 없다. 진짜로 믿음을 지닌 것이 아니라 입으로만 말하는 믿음이라면, 그런 믿음이 어찌 그를 구원할 수 있겠는가? **『믿음』**이 구원하는 것은 사실이지만, 말로만 믿는다고 주장해 가지고는 진짜로 **『믿음』**을 가진 게 아니다. 그런 믿음으로는 구원받을 수가 없다. 그러나 아래에 이어지는 구절들은 교리적으로 우리를 환란 시대로 인도한다.

『만일 형제나 자매가 헐벗고 그 날의 양식조차 없는데 너희 중에 누가 그들에게 말하기를 "평안히 가라. 몸을 따뜻하게 하고 배부르게 먹으라."고 하면서 그 몸에 필요한 것들을 주지 않는다면 무슨 유익이 있겠느냐?』(15,16절)

대환란 때 **『흩어져 있는 열두 지파』**(약 1:1)의 유대인들에게 자비를 베풀지 않는 사람들은 **『자비 없는 심판』**(약 2:13)을 받게 될 것이다. 다음의 말씀들을 보라.

『인자**가 그의 영광 중에 오고, 또 모든 거룩한 천사들이 그와 함께 오면 그때에 그가 그의 영광의 보좌에 앉으리니 그 앞에 모든 민족들을 모아 놓고 마치 목자가 양들을 염소들에서 갈라놓듯이 그들을 따로 갈라놓으리라. 그리하여 양들은 그의 오른편에, 염소들은 그의 왼편에 세워 두고** 왕**이 그의 오른편에 있는 사람들에게 말하기를 '오라, 내** 아버**지의 복을 받은 자들아, 세상의 기초가 놓인 이래로 너희를 위하여 준비한 그 왕국을 이어받으라. 이는 내가 굶주렸을 때에 너희가 먹을 것을 주었으며, 내가 목마를 때에 마실 것을 주었고, 내가 나그네였을 때에 대접하였고, 또 내가 헐벗었을 때에 입혀 주었으며, 내가 병들었을 때에 문안해 주었고, 내가 감옥에 갇혔을 때에 찾아와 주었음이라.' 하리라. 그때에 의인들이 주께 대답하여 말씀드리기를 '**주여**, 언제 우리가**

주께서 굶주리신 것을 보고 잡수실 것을 드렸으며 목마르실 때에 마실 것을 드렸나이까? 언제 우리가 주께서 나그네 되신 것을 보고 대접해 드렸으며, 헐벗으셨을 때 입을 것을 드렸나이까? 언제 우리가 주께서 병드신 것을 보았으며, 또 감옥에 갇히셨을 때 찾아뵈었나이까?'라고 하리라. 그러나 왕이 대답하여 그들에게 말하기를 '진실로 내가 너희에게 말하노니, 여기 내 형제들 가운데 가장 작은 자 하나에게 한 것이 곧 나에게 한 것이니라.' 하리라. 그때에 왕이 왼편에 있는 자들에게도 말하기를 '너희 저주받은 자들아, 내게서 떠나 마귀와 그의 천사들을 위하여 준비한 영원한 불 속으로 들어가라. 너희는 내가 굶주렸을 때에 먹을 것을 주지 아니하였고, 내가 목말랐을 때에 마실 것을 주지 아니하였으며, 내가 나그네 되었을 때에 대접하지 아니하였고, 내가 헐벗었을 때에 입을 것을 주지 아니하였으며, 병들고 감옥에 갇혔을 때에 문안 오지도 아니하였느니라.' 하리라. 그때에 그들도 대답하여 말하기를 '주여, 언제 우리가 주께서 굶주리신 것과, 목마르신 것과, 나그네 되신 것과, 헐벗으신 것과, 병드신 것과, 감옥에 갇히신 것을 보고 돌보아 드리지 아니하였나이까?'라고 하리니, 왕이 그들에게 대답하여 말하기를 '진실로 내가 너희에게 말하노니, 너희가 이들 중에 가장 작은 자 하나에게 하지 아니한 것이 곧 나에게 하지 아니한 것이니라.' 하리라. 그러므로 이들은 영원한 형벌에 들어갈 것이라. 그러나 의인들은 영원한 생명으로 들어가리라."고 하시더라』(마 25:31-46).

대환란 때에 유대인들에게 자비를 베풀지 않는 자들은 『**불길 가운데서**』 벌을 받게 될 것이다(살후 1:8,9). 여기에서 말하는 『**불길**』은 요한계시록 19:20,21과 요엘 3:11-16에서 그들을 태워 재로 만들 불을 의미한다(말 4:1-4). 그들은 그리스도의 『**형제들**』을 돕지 않고서(마 25:31-36) 대환란을 용케 "견뎌" 낸다 해도 여전히 "자비 없는" 심판을 받게 될 것이다(마 25:44-46). 말하자면 교회 시대를 위한 바울 서신에서는 “오직” 믿음만으로 죄인이 구원받는다고 가르치지만(롬 4:5; 5:1), 대환란 때의 교리를 다루는 야고보서에서는 죄인이 믿음만으로는 구원받을 수 없다고 가르친다(약 2:14).

『그와 같이 행함이 없으면 믿음만으로는 죽은 것이라』(17절).

본문 17절은 구원을 위해 “믿음”과 “행위”가 필요하다고 말씀한다. 즉 의롭게 되기 위해서는 믿음과 행위가 필요하다는 것이다. 정확히 말해서 이것은 환란 시대를 위한 구원의 교리이지 교회 시대를 위한 구원의 교리가 아니다.

『그러자 그 용이 여인에게 분노하여 여인의 씨 가운데 남은 자들, 즉 하나님의 계명들을 지키며 예수 그리스도의 증거를 가진 자들과 싸우려고 나가더라』(계 12:17).

『여기에 성도들의 인내가 있으며 여기에 하나님의 계명들과 예수의 믿음을 지키는 자들이 있느니라』(계 14:12).

요한계시록의 이 구절들은 대환란 때에 구원받기 위해서는 “예수 그리스도의 증거”(“예수의 믿음”)를 가지고(믿음) “하나님의 계명들”을 지켜야 함을(행위) 보여 준다. 사도 바울은 로마서 4:5에서 “행함이 없는 믿음”을 가르치므로(**『행함이 없어도 불경건한 자를 의롭다 하시는 그분을 믿는 사람에게는 그의 믿음이 의로 여겨지느니라.』**) 행함이 반드시 수반되어야 하는 믿음을 가르치는 야고보서 2:17의 말씀은 믿음과 행위로 구원받는 환란 시대에 교리적으로 적용되어야 한다.

『그러면 어떤 사람이 말하기를 “네게는 믿음이 있으나 내게는 행함이 있으니, 행함이 없는 네 믿음을 내게 보이라. 그러면 내가 행함으로

내 믿음을 네게 보이리라." **하리라**』(18절).

『**어떤 사람이 말하기를**』. 14절에서 어떤 사람이 "말하기를" 자기는 믿음을 갖고 있다고 했으니까, 이에 대해 여기 18절에서 누군가가 그 말을 듣고 그에게 "말하기를," 『**네 믿음을 내게 보이라.**』고 도전해 온다. 그는 "아, 그래? 네가 믿음을 갖고 있다고? 그렇다면 나는 행함이 있다네. 자, 볼 텐가?" 하고 말하면서 무엇인가 구체적인 행동을 보여주며 믿음이 있다고 호언한 자에게 도전하는 것이다. 그렇다고 해서 행동을 보여주는 이 사람이 구원받은 사람이라는 뜻은 아니다. 구원받지 못한 사람도 얼마든지 이런 식으로 도전해 올 수 있다. 이럴 때, 믿음이 있다고 말로만 호언했던 당신은 아주 난처한 처지에 빠진다. 가령, 당신이 "나는 그리스도인이오."라고 말했더니, 어떤 사람이 불쑥 나서서 하는 말이 "오, 그래? 어디, 그 믿음 좀 내게 보여주게나. 나는 행동으로 내 믿음을 보여줄 수 있다네." 하고 도전해 온다면, 당신은 매우 곤혹스러울 것이다. 실은, 이 사람도 믿음을 갖고 있는 게 아닌지도 모른다. 그렇더라도 말로는 믿음이 있는 체하면서 그것을 행동으로 나타내 보여주려는 사람도 얼마든지 우리 주변에는 있으니까 말이다. 구원도 받지 못한 사람이 자기 의를 과시하면서 이렇게 으스대는 경우를 우리는 주변에서 얼마든지 본다.

하지만 그리스도인이 그리스도인으로서의 증거를 보이지 못할 때, 이런 사람들한테 뭐라고 대꾸할 수 있겠나? 이러한 상황에서는 구원받은 그리스도인이 오히려 더 불리한 입장에 빠질 것이다. 믿음이 있으면서도 그 믿음이 결과를 나타내지 못한다면, 그리하여 그 믿음의 증거가 보이지 않는다면, 당신에게서 그 믿음은 제대로 활동하지 못하고 있는 것이다.

언젠가 내가 잘 알고 지내던, 그린빌의 포레스트 턴베이라는 사람을 붙잡고 약 15분간 복음을 전하자 그 사람이 나에게 "제일침례교회의 아무개 집사 아시죠?" 하고 불쑥 묻는 것이었다. 내가 그렇다고 대답했더니, "목사님은 나에 대해서도 잘 아시죠?" 하고 다짐하듯 물어 왔다. 그렇다고 내가 고개를 끄덕였다.

"좋아요, 목사님. 그렇다면 내 두 눈을 똑바로 쳐다보고 '예, 아니오.' 라고만 대답해 주십시오. 제일침례교회의 그 아무개 집사보다는 내가 더 낫다고 나는 생각하는데, 목사님은 이에 동의하십니까?" 나는 "예." 라고 대답했다. 그에게 가급적 겸손해 보이기 위해서 그러긴 했지만, 나는 다음과 같은 말을 덧붙이는 것을 결코 잊지는 않았다.

"그렇다고 당신의 나은 점이 당신을 구원해 주는 것은 아니오."

구원 문제만 아니라면, 아닌 게 아니라 이 사람이 그 아무개 집사보다 더 훌륭한 사람인 게 사실이었다. 그 집사는 사람들이 보는 앞에서도 상습적으로 시가를 피우고 술을 마시는 사람이었으니까 말이다. 이에 대해서는 나도 할 말이 없었다. 이 사람은 담배도 피지 않았고 술도 마시지 않았으며, 정직하게 일해서 착실히 가정을 보살피는 아주 선량한 사람이었다. 단지 아직 믿음이 없어서 구원을 받지 못한 것만이 그에게 문제였다. 하지만, 이처럼 구원받지 못한 자도 그리스도인들이라는 사람들을 향하여 "믿음, 믿음, 믿음, 말로만 떠벌리지 말고 어디 그 믿음을 행동으로 좀 보여 봐라." 하고 얼마든지 도전해 올 수가 있다.

"일요일에 교회만 가고 성당에 가서 미사를 올린다고 다냐? 나는 결코 말로만 뭐라고 떠벌리지는 않는다. 나는 마음속의 일들을 오직 행동으로 나타내 보일 수가 있다."

이렇게 큰 소리를 탕탕 치며 도전해 올 때, 당신도 그에게 뭐라고 한마디 뼈있는 충고를 해 줄 수 있어야 할 게 아닌가?

나는 얼마 전 샌프란시스코에서 찾아온 데이브 웨어스던이라는 사람을 데리고 히피들이 많이 모이는 한 공원에 가서 거리설교를 했다. 길가에 트럭이 한 대 서 있기에 그림 몇 장을 그 트럭에 걸어 놓고 예전에 하던 모습 그대로 설교를 했고, 그 자리에서 열 일곱 명이나 되는 죄인들을 구령했다.

거리설교를 마치고 자리를 뜨려는 참에 키가 껑충한 한 친구가 한 손에는 맥주병을 들고 또 한 손에는 담배를 꼽아든 채 내 그림 앞으로 어슬렁어슬렁 다가와 내 그림들을 들여다보고 있더니 내게 퉁명스럽게 한 마디 던지는 것이었다.

“내가 한 장 가져도 되겠소?”

“맘에 들면 한 장 갖게나.” 내가 쾌히 응했다.

“와, 이 그림 정말 끝내주는데.” 그 친구는 만면에 웃음을 지으며 아주 좋아했다.

“당신은 예수님을 믿소?” 내가 물었다.

“아, 그럼요. 그분은 만왕의 왕이시고, 만주의 주이시지요.” 그가 대답했다.

“내 말은 그분을 당신의 구세주로 영접했느냐는 거요.” 내가 따져 물었다.

“그렇소이다. 그분은 나의... 구...세주...시죠. 아, 그렇고 말고요! 나를 좀 보시오.” 그 친구는 맥주병과 담배를 꼽아들고 있는 자신의 양손을 번갈아 내려다보면서 계면쩍은 듯 말을 좀 더듬더니 히히 웃으면서 이렇게 덧붙였다.

“그러니까 내가 이렇게 술이라도 마시고 담배라도 피고 있는 게 아니겠소?” 그리고는 갑자기 풀이 죽으면서 또 이렇게 뇌까리듯 말했다.

“나는 외롭소이다. 이렇게라도 해야지 그렇잖으면 내 외로움을 달랠 길이 없다오.” 하기야 술 마시고 담배 핀다고 구원을 못 받은 것은 아니다. 그 친구 말대로 그가 구원은 받았는지도 모른다. 하지만, 그걸 도대체 누가 무엇으로 어떻게 안단 말인가? 말로는 구원받았다고 하지만, 한 손에는 맥주병에 또 다른 한 손에는 담배라..., 글쎄, 아무리 봐도 나는 알 수가 없었다. 구원받아 진짜 그리스도인으로 거듭난 사람이라면 반드시 간증이 나타나기 마련이다.

2:19 **네가 한 분 하나님이 계심을 믿으니 잘하는 것이라. 마귀들도 믿고 떠느니라.**

20 **오 허황된 사람아, 행함이 없는 믿음은 죽은 것인 줄 네가 알고자 하느냐?**

『**네가 한 분 하나님이 계심을 믿으니 잘하는 것이라. 마귀들도 믿고 떠느니라**』(19절).

한 분 하나님이 계심을 믿는다고? 좋았어. 아주 잘하는 일이야. 이렇게 말해 놓고 나서 야고보는 세게 되받아 친다. 『**마귀들도 믿고 떠느니라.**』 믿는다고 말이야 누구라도 할 수 있다는 것이다. 하지만, 말로만 믿는다고 해봤자, 그 증거가 밖으로 드러나지 않는다면 그 말은 헛말에 지나지 않으며, 그런 믿음은 헛것에 불과하지 않느냐는 신랄한 추궁이다.

『**오 허황된 사람아, 행함이 없는 믿음은 죽은 것인 줄 네가 알고자 하느냐?**』(20절).

그런 따위 헛말이나 지껄이고 헛된 믿음이나 과시하는 『**허황된 사람**』에게 그 허황됨을 야고보는 계속 추궁한다.

『**행함이 없는 믿음은 죽은 것인 줄 네가 알고자 하느냐?**』 교리적으로는 환란 시대에 적용되지만, 이것을 영적 유대인인 그리스도인들에게 적용하면 당신을 구원하는 믿음은 결코 혼자 오지 않는다는 것이다. 이 믿음은 무엇인가를 수반하고 온다. 그렇다고 해서 수반되어 오는 그 무엇이 당신을 구원하는 것은 아니지만 말이다. 당신을 의롭게 하는 믿음은 혼자 있지 않고 무엇인가를 함께 수반하고 있지만, 그래도 구원만은 믿음 혼자서 한다. 어떤 믿음이 만약 혼자 나타난다면, 그 믿음은 죄인을 의롭게 하지 못하기 때문에 죽은 믿음이다. 믿음이 무엇인가를 수반하고 있다고 해서 그 도움을 받는 것은 아니고 믿음은 어디까지나 믿음 혼자서 죄인을 의롭게 하지만, 그래도 역시 무엇인가를 수반하고 있는 믿음이어야만 죄인을 의롭게 하고 구원할 수가 있는 믿음인 것이다. 당신을 구원하는 믿음은 반드시 새로운 출생을 수반하고 당신에게 찾아오는 법이다.

2:21 **우리의 조상 아브라함이 자기 아들 이삭을 제단에 드렸을 때, 그가 행함으로 말미암아 의롭게 되지 아니하였느냐?**
22 **믿음이 어떻게 그 행함과 더불어 작용하였으며, 믿음이 행함으로 온전케 되었음을 네가 보느냐?**

『**우리의 조상 아브라함이 자기 아들 이삭을 제단에 드렸을 때, 그가 행함으로 말미암아 의롭게 되지 아니하였느냐?**』(21절).

이 구절 역시 로마카톨릭이나 캠벨주의자들, 그리고 은사주의자들이 아주 좋아하는 구절이다. 하지만, 우리는 이 구절에서도 아주 주의해야 한다.

『**그가 행함으로 말미암아 의롭게 되지 아니하였느냐?**』라고 야고보는 말한다. 그런데 그게 언제 그랬다는 것인지 정신을 바짝 차리고 경계해야 한다. 그것은 아브라함이 "이삭을 제단에 드렸을 때"였다. 그러니까, 이것은 당신이 의롭게 되는 것과는 상황이 사뭇 다르다. 다시 말해서 로마서 4장에서 『**성경이 무엇이라고 말하고 있느냐? 아브라함이** 하나님을 **믿었더니 그것이 그에게 의로 여겨졌느니라.**』(롬 4:3)고 말한 것과는 아브라함의 상황이 다르다는 것이다.

창세기 15장 1절부터 6절까지를 보라.

『**그를 밖으로 데리고 나가 말씀하시기를 "이제 하늘을 쳐다보고 별들을 셀 수 있다면 그 별들을 세어 보아라." 또 그에게 말씀하시기를 "너의 씨가 이와 같으리라." 하시더라. 아브람이 주를 믿으니 주께서 그것을 그에게 의로 여기셨더라**』(창 15:5,6). 자, 아브람(아브라함이 되기 전)이 하나님을 믿으니 하나님께서 『**그것을 그에게 의로 여기셨더라.**』("counted it to him for righteousness")고 말씀한다.

자, 그럼 이번에는 창세기 22장을 보라.

『**이 일들 후에** 하나님**께서 아브라함을 시험하시며 그에게 말씀하시기를 "아브라함아" 하시니, 그가 말하기를 "보소서, 내가 여기 있나이다." 하더라. 하나님께서 말씀하시기를 "네 아들, 곧 네가 사랑하는 네 독자 이삭을 이제 데리고 모리야 땅으로 가서, 산들 중에서 내가 네게 알려 줄 한 산에서 그를 번제로 드리라." 하시더라**』(창 22:1,2).

아브라함은 청년들 두 명과 함께 이삭을 데리고 하나님께서 알려주신 곳을 향하여 이튿날 아침 일찍 집을 떠난다. 삼 일째 되던 날 멀리 그곳이 보이자 아브라함은 청년들을 뒤에 남겨둔 채 번제에 쓸 나무를 이삭에게 지우고 그곳으로 올라가 제단을 쌓고 아들 이삭을 묶어서 제단의 나무 위에 올려놓은 다음 칼을 빼어 들고 아들 이삭을 죽이려 하는 찰나에 이른다. 그 순간 하나님의 천사가 나타나 아브라함의 손을 멈추게 했다. 그 바람에 아브라함은 뿔이 수풀에 걸린 숫양 한 마리를 잡아다가 이삭 대신에 그것을 하나님께 번제로 드리게 되었다. 바로 이 장면에서 아브라함은 의롭게 되었다("justified"). 아브라함의 믿음이 "의로 여겨졌던" 창세기 15장과 그가 "의롭게 되었던" 22장 사이에는 무려 17년의 시간적 간격이 있었던 셈이다. 그러니까, 『**우리의 조상 아브라함이 자기 아들 이삭을 제단에 드렸을 때, 그가 행함으로 말미암아 의롭게 되지 아니하였느냐?**』는 야고보의 기록은 하나도 틀린 데가 없는 말이다. 하지만, 이게 틀린 말이 아니라는 것을 알려면 방금 우리가 조사해 본 것처럼 아주 주의 깊게 구약을 살펴보아야 한다. 아브라함은 창세기 15장에서 그의 믿음이 그의 "의로 여겨졌고" 창세기 22장에서 비로소 "의롭게 되었다." 이 사실을 모두가 놓쳐 버리고 말았다. 지금 이 시대에는 당신이 구원받을 때, 즉 당신이 주 예수 그리스도를 믿고 그분을 구주로 영접하는 순간, 당신이 어떻게 되는가? 당신의 믿음이 의로 여겨진다. 그리고 또 어떻게 되는가? 당신은 또 즉각 의롭게 된다. 당신의 믿음이 의로 여겨지는 일과 당신이 의롭게 되는 일이 동시에 일어난다 이 말이다. 당신은 의롭게 되기 위해서 아브라함처럼 17년 동안이나 기다릴 필요가 없다는 얘기다. 성경은 『**그러므로 이제 그의 피로 의롭게 되었으니 더욱더 우리가 그를 통하여 진노로부터 구원받게 되리라.**』(롬 5:9)라고 말씀한다.

아브라함에게 이런 일이 일어나지 않았던 데는 그만한 까닭이 있었다. 그 옛날 아브라함이 하나님을 믿었다. 그랬더니 하나님께서 그에게 "의"를 주셨다. 그러나 그에게는 그 순간 아무런 일도 일어나지 않았다. 그러나 지금 당신은 어떤가? 당신이 주 예수 그리스도를 믿는다. 하나님께서 당신에게 의를 주신다. 그 순간 그분의 영이 당신에게 들어오신다. 그래서 당신이 새롭게 태어난다. 당신은 하나님의 양자로 입양된다.

당신은 새 사람이 되었고 영적 할례를 받았으며, 그리스도 안으로 들어가게 되었고, 육신으로 난 육이었던 당신은 성령으로 난 영이 되었다. 당신이 믿는 순간 당신에게서 이 모든 일들이 동시적으로 한꺼번에 일어난다.

그러나 아브라함이 믿었을 때는 이런 일들이 아무것도 일어나지 않았다. 그야말로 아무것도 일어난 게 없었다. "네가 나를 믿는다고? 좋아. 그 믿음을 너에게 의로 여겨 두마. 네가 나를 믿는다니까 말야." 하나님께서는 단지 이렇게 말씀하셨을 뿐이었다. 그리고 여러 해가 지난 다음에야 그의 행동 가운데서 그의 믿음이 올바른 믿음이란 게 밖으로 드러나자 아브라함은 비로소 의롭게 되었던 것이다. 야고보는 바로 이것을 언급하고 있는 것이다. 그는 여기서 로마서 4장 같은 신약적인 대목을 이야기하고 있는 게 아니라 구약적인 대목을 언급하고 있는 것이다.

"의롭게 됨"(justification)이란 하나님께서 행하시는 무슨 특별한 행동의 결과로 이루어지는 게 아니라 일종의 법률적 선포와도 같은 것이다. 달리 표현하자면 또, 이것은 일종의 훈장과도 같은 것이다. 아브라함의 믿음을 하나님께서 의로 여기셨을 때 당장에 그가 의롭게 되지 못했던 것은 마치 군인이 싸움터에 출전한다고 해서 공도 세우기 전에 미리 훈장부터 받는 게 아닌 것과 같았다. 물론 하나님께서는 아브라함의 믿음 뒤에는 그 믿음을 뒷받침할 만한 행위가 따르리라는 것을 알고 계셨고, 아닌 게 아니라 아브라함은 훗날 자신의 믿음을 행위로 뒷받침함으로써 자신의 믿음을 입증했으며, 그런 다음에 그는 당당하게도 "의롭게 됨"이라는 훈장을 타게 되었던 것이다.

『믿음이 어떻게 그 행함과 더불어 작용하였으며, 믿음이 행함으로 온전케 되었음을 네가 보느냐!』(22절).

자, 다시 한번 더 주의해서 읽어 보라. "행함으로" 그가 구원받았다고 말하는가? 아니다. 그러면 "행함과 믿음으로" 그가 구원받았다고 말하는가? 아니다. 『**행함으로**』 그의 믿음이 『**온전케 되었**』다고 언급한다.

2:23 **그리하여 "아브라함이** 하나님을 **믿으니 그것이 그에게 의로 여겨졌느니라."는 성경이 이루어졌고,** 그는 하나님의 **친구라 불렸느니라.**

24 **이제 너희가 알거니와 사람이 행함으로써 의롭게 되는 것이요, 믿음으로만 되는 것이 아니니라.**

25 **이와 같이 창녀 라합도 정탐꾼들을 영접하고 다른 길로 그들을 보냈을 때 행함으로써 의롭게 되지 아니하였느냐?**

26 **영이 없는 몸이 죽은 것같이 행함이 없는 믿음도 죽은 것이니라.**

『**그리하여 "아브라함이** 하나님을 **믿으니 그것이 그에게 의로 여겨졌느니라."는 성경이 이루어졌고,** 그는 하나님의 **친구라 불렸느니라**』(23절).

아브라함의 믿음이 "의로 여겨졌던" 일은 창세기 15장에서의 일이다. 『**성경이 이루어졌고**』라는 말씀은 창세기 15장의 『**아브라함이** 하나님을 **믿으니 그것이 그에게 의로 여겨졌느니라.**』는 말씀이 창세기 22장에서 보여 준 아브라함의 행함으로 "구체화되었다"는 뜻이다. 즉 창세기 15장에서 "의롭게 여겨졌던" 그가 22장에서 "의롭게 되었다"는 얘기이다.

『**이제 너희가 알거니와 사람이 행함으로써 의롭게 되는 것이요, 믿음으로만 되는 것이 아니니라**』(24절).

『**이제 너희가 알거니와**』. 이제 우리는 알게 되었다. 우리는 그게 구약의 아브라함 이야기란 걸 잘 알게 되었다. 그게 우리한테 해당되는 이야기가 아니란 것을 잘 알게 된 것이다. 아브라함의 행함으로 그의 믿음은 온전케 되었다. 그러나 우리의 관점에서 볼 때, 그것은 우리하고는 아무 상관도 없는 것이다.

『**이와 같이 창녀 라합도 정탐꾼들을 영접하고 다른 길로 그들을 보냈을 때 행함으로써 의롭게 되지 아니하였느냐?**』(25절)

창녀 라합은 아브라함처럼 믿음이 의로 여겨진 적이 없이 행함으로 의롭게 되었다. 말하자면 라합의 행함으로 그녀의 믿음이 표출된 것이다. 『**이는 주 너희** 하나님은 **위로는 하늘에 아래로는 땅에 계신** 하나님 **이심이라**』(수 2:11). 야고보는 라합을 통해서도 믿음과 행위를 통한 구원을 강조하고 있다.

『**영이 없는 몸이 죽은 것같이 행함이 없는 믿음도 죽은 것이니라**』(26절).

20절에 대한 설명을 다시 읽어 보라.

그리스도인은 구원받기 위해서 행하는 것이 아니요, 그렇다고 구원을 유지하기 위해서 행함이 필요한 것도 아니며, 그는 단지 구원받았기 때문에 행하는 것이다. 이것이 야고보서를 신약의 그리스도인들을 위해 다루는 최상의 방법이다. 의롭게 되는 것은 오직 믿음으로만 되는 것이되, 혼자 오는 믿음으로 되는 것이 아니며, 어떤 믿음이 구원을 가져온다면, 그 믿음은 어떤 종류의 행위를 낳게 되는 믿음이다. 이것이 야고보서가 그리스도인들에게 제시하는 가르침이다. 야고보서의 교리적인 문제는 내환란에 적용해야만 성경을 정확히 해석하는 것이다.

야고보서 3장

3:1 나의 형제들아, 너희는 많은 선생들이 되지 말라. 이는 우리가 더 큰 정죄를 받을 줄 앎이니라.

2 우리는 많은 일에 모두를 실족시키나니, 만일 말로 실족케 하지 않는 사람이 있다면 그 사람은 온전한 사람이며 온몸도 제어할 수 있느니라.

3 보라, 우리가 말들을 복종하게 하려고 그 입에 재갈을 물려 그것들의 온몸을 제어하느니라.

4 또한 배들을 보라. 그렇게 크고, 거친 바람에 밀려 가도 지극히 작은 키로 키잡이가 원하는 곳 어디로든지 돌려지느니라.

5 이와 같이 혀도 작은 지체지만 큰 일들을 자랑하느니라. 보라, 작은 불이 얼마나 큰 것을 태우는가!

『**나의 형제들아, 너희는 많은 선생들이 되지 말라. 이는 우리가 더 큰 정죄를 받을 줄 앎이니라**』(1절).

"선생"이 된다는 것은 곧 어떤 분야에서 최고의 경지에 오른 "달인"이 된다는 것을 말한다. 이런 사람은 어떤 특정한 분야의 일을 훤히 파악하고 있어 그 일을 자유자재로 척척 다룰 줄 안다. 이런 사람을 우리는 흔히 "장인"이라고도 부른다. 각 분야마다 거기에 종사하는 사람들로 조합을 구성하고 그 조합 내에서 일을 다루는 솜씨에 따라 조합원들의 등급을 몇 단계로 나누는데, 가령, 수습 기간을 거치고 있는 "견습공"이라는 등급이 맨 아래에 있고, 수습 기간을 마친 "장색"(journeyman)이라는 등급이 그 위에 있는가 하면, 맨 위에는 또, 오래 동안 솜씨를 연마하여 달인의 경지에 오른 "장인"이라는 최고 등급이 있다. 그래서 가령, 배관공 중에서도 가장 뛰어난 기술을 가진 배관공은 "장인 배관공"(master plumber)이라 부르고, 전기 기술자 역시 최고의 기술을 가진 사람을 "장인 전기 기사"(master electrician)라고 부른다. 1절에서 언급하는 "선생"이란 바로 이처럼 달인의 경지에 오른 최고의 "장인"을 말한다.

『너희는 많은 선생들이 되지 말라.』

요컨대, 이것저것 모든 일을 다 잘하는 만능 장인이 될 생각은 하지 말라는 말이다. 당신이 모든 일에 다 능한 만능 선수가 된다면, 당신은 그 모든 일에 동시에 책임을 져야 하는 사람이 된다. 당신이 이것도 잘하고 저것도 잘하는 바람에 당신에게는 이 일뿐만 아니라 저 일까지도 맡겨질 게 뻔한데, 그렇게 되면 당신은 어쩔 도리 없이 이 일, 저 일, 책임져야 될 일들이 그만큼 많아질 것이고, 따라서 다른 사람들보다 실수할 확률도 그만큼 높아지기 마련이고, 따라서 그만큼 욕먹을 기회도 많아질 것이다. 『**이는 우리가 더 큰 정죄를 받을 줄 앎이니라.**』는 말씀이 의미하는 바가 바로 이것이다.

당신이 만약 여러 가지 다양한 일들을 수행하는 한 집단의 지도자가 된다면, 그 갖가지 일들이 잘 수행되도록 하는 모든 책임이 당신 한 사람에게 모두 집중되는 것은 불가피한 일이고, 워낙 수행하는 일이 많은 기구인지라 어느 한 분야에서라도 일이 잘못 처리될 가능성이 그만큼 높아지며, 어느 한 가지라도 잘못되었을 때 그 책임을 모두 당신이 져야 하는 것은 당연하다. 이렇게 볼 때, "선생"이 된다는 것은 곧 책임을 지는 사람이 된다는 뜻이다. 책임은 곧 심판(평가)으로 이어지고 심판은 정죄로 연결되기 마련이다.

결국, 『**너희는 많은 선생들이 되지 말라.**』는 말은 가급적 실수하지 않도록 위험 부담을 줄이는 게 현명하다는 말이다.

『**우리는 많은 일에 모두를 실족시키나니, 만일 말로 실족케 하지 않는 사람이 있다면 그 사람은 온전한 사람이며 온몸도 제어할 수 있느니라**』(2절).

『**우리는 많은 일에 모두를 실족시키나니**』라는 말씀은 우리가 많은 일에 개입하여 이것저것 많은 일을 하게 되면, 그만큼 더 실수를 범하기가 쉬운 것처럼 말에 있어서도 이것저것 쓸데없이 많은 말을 하다보면 그만큼 과오를 범하게 될 위험이 많다는 뜻이다.

『**만일 말로 실족케 하지 않는 사람이 있다면**』.

사람의 자질을 가장 정확하게 알아보려면 그 사람의 말을 들어보면 되는데, 이런 점에서 말은 사람의 인격적 덕성을 시험해보는 최상의 시금석이 된다. 사람이 실수하고 과오를 범하기가 쉽고 그 실수와 과오에도 여러 가지 양태가 있지만, 그런 중에도 자기의 혀를 놀리는 데 있어서만큼은 진짜 "선생급"이어서 말에 실수가 하나도 없다면, 『**그 사람은 온전한 사람이며 온몸도 제어할 수**』 있는 사람이다. 이런 사람이 바로

완벽한 사람이기에 자기 몸을 제어하는 데에 그야말로 “달인”이 된 사람이다.

다음에 이어지는 구체적인 실례들을 보라.

『**보라, 우리가 말들을 복종하게 하려고 그 입에 재갈을 물려 그것들의 온몸을 제어하느니라**』(3절).

말이라는 짐승의 덩치에 비하면 그 입에 물리는 금속 재갈의 크기는 정말 보잘 것이 없다. 그 길이는 길어야 한 뼘 정도밖에 안되고 굵기도 아무리 굵어야 손가락 정도밖에 되지 않으니 말이다. 그런데도 이렇게 작은 금속 막대기 하나로 그 커다란 말의 몸 전체를 자유자재로 제어한다. 이게 첫 번째 실례다.

두 번째 실례는 또 어떤지 보자.

『**또한 배들을 보라. 그렇게 크고, 거친 바람에 밀려 가도 지극히 작은 키로 키잡이가 원하는 곳 어디로든지 돌려지느니라**』(4절).

아무리 덩치가 큰 배라도 그 꽁무니에 달려 있는 아주 작은 키 하나를 조종하여 이리저리 마음대로 방향을 바꿀 수 있다. 바람이 어느 방향으로 불더라도, 그리고 그 바람이 아무리 세차더라도, 키잡이가 키를 움직이는 대로 배는 거기에 복종하여 방향을 잡기 마련이다. 옛날 선박은 모든 게 손으로 조작되도록 만들어져 있어서 키 역시 그것을 조종하는 손잡이가 달려 있고 그것을 키잡이가 이리저리 조작하여 마음대로 방향을 잡았다.

영어 <킹제임스성경>에서는 『**키잡이**』를 “통치자, 지배자”라는 뜻의 “거버너” (governor)라는 단어로 표기하고 있는데, 오늘날 미국의 주 행정을 맡아 통치하는 “주지사”를 “거버너”(governor)라고 부르게 된

연유가 여기에 있다. 주지사는 마치 선박의 "키잡이"처럼 주 행정의 통치 방향을 결정하는 사람이다.

<킹제임스성경>이 고대 영어로 돼 있다고 시비를 거는 자들이 현대 영어로 성경을 만든답시고 별의별 "새" 성경들을 다 세상에 내놓았지만, 그들이 이 "governor"라는 단어 대신에 "파일럿"(pilot)이라는 단어로 대체했다고 해서 "현대인들"에게 더 의미가 잘 전달되느냐 하면 오히려 그 반대다. 가령, 주지사를 "governor" 대신에 "pilot"이라고 부른다면 얼마나 우스꽝스럽겠는가? "파일럿"은 "수로 안내인, 조종사" 등의 뜻도 있지만 "실험"이라는 뜻도 있는지라, 주 행정을 주지사에게 맡겨 놓고 그 통치를 "실험"이라도 해보려고 한다면 이거야말로 위험천만하기 짝없는 모험이다.

<킹제임스성경>에 사용된 단어들 가운데 고대 영어처럼 보이는 단어들이 있는 게 사실이지만, 그 단어의 의미를 잘 음미해 보면 전혀 "고대" 냄새가 나지 않고 오히려 그 의미가 "현대적"인 경우가 허다하다는 것을 알게 될 것이다. 결국, <킹제임스성경>의 "고대어" 운운하는 불평은 쓸데없는 핑계다.

『**이와 같이 혀도 작은 지체지만 큰 일들을 자랑하느니라. 보라, 작은 불이 얼마나 큰 것을 태우는가!**』(5절).

이처럼 미처 한 뼘도 안 되는 혀지만 그것을 어떻게 제어하느냐에 따라 그 사람이 수행하는 일 전체의 성패가 결정된다. 이것이 두 번째 실례다.

그런가 하면 또, 건물에 불이 날 때 보면, 아무리 그 건물이 크더라도 처음에는 아주 작은 불씨 하나가 화근이 되어 그 큰 건물 전체를 잿더미로 바꿔놓는 화재로 발전하는 것을 본다. 이것이 세 번째 실례다. 작은 성냥개비나 담배 불 하나로 수만 에이커에 달하는 광대한 삼림을 불바다로 만들어 버릴 수도 있잖은가!

지금 야고보가 하고 싶은 말은 당신이 어느 분야에서 무슨 일을 하건, 맡은 책임을 성공적으로 수행하는 뛰어난 "선생"이 되고자 한다면, 무엇보다도 먼저 당신의 작은 혀를 잘 통제하는 법부터 잘 배워두라는 것이다. 당신은 이 일에도 능하고 저 일에도 능하여 무슨 일이나 척척 잘해내는 달인이 될 수는 있겠지만, 그 모든 일의 성패는 당신의 혀가 얼마나 잘 제어되느냐 하는 데서부터 출발한다. 말 입에 물린 작은 재갈이 말 전체의 몸에 연결되고, 작은 키가 배 전체의 덩치에 연결되듯이 두 치 혀가 당신의 몸 전체에 연결되어 그것을 통합함으로써 당신의 몸으로 수행하는 모든 일들이 매끄럽게 진행되느냐, 아니면 실수투성이가 되어 실패하고 마느냐가 결정되는 것이다.

혀를 함부로 놀리지 않는다는 것은 곧 말에 실수가 없도록 한다는 뜻이다.

말에 실수를 하지 않는다는 것은 곧 하나님께서 옳지 않다고 여기시는 것을 지껄이지 않는다는 뜻이지, 세상 사람들이 듣기 싫어하는 말을 입 밖에 내지 않는다는 뜻이 결코 아니다. 성경은 지금 여기 야고보서 3장에서 당신에게 "입 닥치지 못해? 다른 사람의 기분도 생각해 주어야지, 그렇게 함부로 입을 놀려대어 다른 사람의 감정을 무례하게 건드려서야 쓰겠느냐?" 하고 당신을 꾸짖고 있는 게 아니란 말이다. 성경은 당신더러 하나님께서 옳지 않게 여기시는 말을 함부로 지껄이지 말라고 경고하고 있는 것이다.

하나님께서 옳게 여기시는지 옳지 않게 여기시는지를 판단하는 것은 그리스도인으로 거듭난 영지인 사람만이 할 수 있는 일이다. 다시 말해서, 거듭나지 못한 자연인이 무엇이 하나님께서 옳게 여기시는 말이고, 무엇이 옳지 않다고 여기시는지를 분간하기란 불가능하다.

『**또한 우리가 그것들을 말하되 인간의 지혜가 가르치는 말로 하지 아니하고 성령께서 가르치시는 말로 하나니 영적인 일들을 영적으로 비교하여 말하느니라. 그러나 자연인은 하나님의 영의 일들을 받아들이지 아니하나니 이는 그 일들이 그 사람에게는 어리석게 여겨지기 때문이요, 또 알 수도 없나니 이는 그 일들이 영적으로만이 분별되기 때문이니라. 영적인 사람은 모든 것들을 판단하나 자신은 아무에게도 판단을 받지 아니하느니라. 누가 주의 생각을 알았다고 주를 가르치겠느냐? 그러나 우리는 그리스도의 생각을 가졌느니라**』(고전 2:13-16).

영적인 사람은 모든 『**것들**』을 판단한다고 말씀한다. 이 말은 "모든 사람들"을 판단한다는 게 아니라는 뜻이다. 영적인 사람은 사람의 지혜가 아니라 성령께서 가르치시는 대로 말한다. 영적인 사람은 그리스도의 생각을 가진 사람이다. 그러므로 그리스도인으로 거듭난 사람은 하나님께서 옳지 않다고 여기실 만한 말이 무엇인가를 능히 판단할 수 있고, 그것을 입 밖에 내지 않도록 주의하여 자기 혀를 제어할 줄 아는 법이다.

이처럼 "말에 실수가 없다."는 것은 곧 영적인 그리스도인이 하나님께 불쾌감을 드릴 만한 말을 하지 않는다는 뜻이다. 그리스도인이 다른 "사람들"의 감정을 상하게 하는 말을 하는 것은 흔히 있는 일이다. 심지어는 "독사들의 세대야!" 하고 호통을 치기도 하니까 말이다. 죄인들에게 복음을 전파하고 주 예수 그리스도를 증거하는 일은 그들의 귀에 달콤한 말을 들려주는 게 아니라 그들의 기분을 상하게 하는 일이다. 구원받지 않으면 지옥에 간다는 말을 듣고 기분 좋게 여길 죄인들이 어디 있겠는가? 그렇다고 해서 우리가 그들의 기분을 상하게 하지 않기 위해 복음 전하는 일을 멈출 수야 있겠는가?

바울이 하는 말을 잘 들어보라.

『내가 이제 사람들에게 호감을 사랴? 아니면 하나님께 사랴? 아니면 내가 사람들을 기쁘게 하려고 하겠느냐? 내가 아직도 사람을 기쁘게 하려고 한다면 나는 그리스도의 종이 아니니라. 그러나 형제들아, 내가 너희에게 알게 하노니 내가 전한 복음은 사람을 따른 것이 아니니라』(갈 1:10,11).

현대 그리스도인들이 복음을 전한답시고 "주님은 당신을 사랑해요. 우리 서로 사랑해요." 어쩌고 하면서 구원받지 않으면 지옥에 간다는 사실을 숨기는 까닭은 죄인들의 감정을 상하게 될까봐 겁을 먹기 때문에 그러는 것이다. 그 대신 그들은 하나님의 감정을 상하게 해드리고 있다는 것을 모른다. 이런 자들은 말에 실수를 하지 않는 자들이 아니라 오히려 말에 실수만 하는 자들이요, 그 혀를 제어할 줄 모르는 자들이다.

당신이 말에 실수를 하지 않으려면 세상 사람들이야 아무리 감정이 상하더라도 하나님께서 옳다고 여기시는 말을 담대하게 입 밖에 낼 수 있어야 한다. 예수님께서 2천 년 전 이 세상에 오셨을 때, 그분께서는 바리새인들과 서기관들을 향하여 무어라고 말씀하셨던가?

『위선자인 서기관들과 바리새인들아, 너희에게 화 있으리라! 이는 너희가 잔과 접시의 겉은 깨끗하게 하나 속은 약탈과 방탕으로 가득 차 있기 때문이라... 너희가 회칠한 무덤들과 같음이라. 그것들은 실로 겉으로는 아름답게 보이나 안에는 죽은 사람의 뼈와 모든 더러운 것으로 가득 차 있도다... 너희 뱀들아, 독사들의 세대야, 어떻게 너희가 지옥의 저주에서 피할 수 있겠느냐?』(마 23:25-27,33).

어떤가? 예수 그리스도의 이런 말씀을 듣고 서기관들과 바리새인들이 얼마나 기분이 상했겠는가?

『너희는 너희 아비 마귀에게서 나와서 너희 아비의 정욕을 행하고자 하는도다. 그는 처음부터 살인자였으며 진리 가운데 거하지 아니하였으니, 이는 자기 안에 진리가 없음이라. 그가 거짓말을 할 때는 자신에게서 우러나와 한 것이니, 이는 그가 거짓말쟁이요 또 거짓말의 아비이기 때문이라』(요 8:44).

자, 지금 예수님께서 바리새인들의 감정을 건드리지 않으려고 말조심하고 계신가? 천만의 말씀이다. 주님의 말씀을 듣고 있던 바리새인들은 어찌나 화가 치밀었던지 돌을 집어 주님께 던지려고까지 했다. 이처럼 주님께서는 다른 사람들의 감정을 해치셨다. 그러나 그분께서 말에 실수를 하셨던 것은 결코 아니었다. 그분께서는 하나님께서 원하시는 바를 그대로 말씀하셨을 뿐이다. 혀에 재갈을 물려 말에 실수가 없도록 주의하라는 말씀에 순종하느라고 복음을 전파하고 죄인들을 지옥으로부터 구해내는 일을 주저하는 일이 없도록 하라.

그러나 야고보는 여기 3장에서 그리스도인들만을 향하여 이렇게 하라고 말하고 있는 것은 아니다. 그는 구원받은 그리스도인이건, 구원받지 못한 사람이건, 누구나 혀를 제어하여 자신의 몸을 통제하도록 하라고 가르치고 있다. 가령, '가십' 같은 것을 좋아하여 다른 사람의 험담이나 늘어놓는 일이 없도록 하라고 훈계하고 있는 것이다. 이런 사람들이 지껄이는 것을 녹음이라도 해 두었다가 나중에 다시 틀어주면 말을 했던 장본인조차도 부끄러워 얼굴을 붉히지 않을 수가 없을 것이다. 야고보는 지금 이런 낭패를 당하지 않도록 조심하라고 충고하고 있다. 이 역시 하나님께서 옳게 여기실 리가 없으니까.

입에 물린 작은 재갈 하나로 덩치 큰 말을 부리고, 작은 키 하나로 거대한 선박을 조종하며, 작은 불씨 하나로 엄청난 화재를 일으키듯이 작은 혀가 지나가는 말로 우연히 내뱉은 한 마디가 시간이 경과함에 따라 다른 사람들에게 엄청난 악영향을 미칠 수가 있다. 이것을 피하려면 마음을 잘 통제하지 않으면 안 된다. 마음이 뒤틀려 있으면 언제고 그것이 혀를 통해 말로 드러나게 되고, 그 결과 예기치 못한 화근이 되기 마련이다.

우리의 삶 가운데서 일어나는 이러한 실례를 들자면 원체 한두 가지가 아니어서 일일이 그 예를 다 들 수조차 없다. 나는 아주 오래 전에 무슨 일이 있어 다른 목사들과 함께 비행기를 타고 어딘가 가고 있었는데, 내 뒷자리에 앉아 있던 어떤 감리교 목사가 이것저것 별의별 것들에 대해 잡담을 늘어놓고 있더니 나중에는 내 평생에 처음 들어보는 아주 지독한 농담까지 지껄이는 소리가 내 귀에 들어왔다. 그는 일행 중 옆자리에 앉아 있던 사람을 좀 웃기고 싶어서 그런 고약한 농지껄이를 하고 있는 모양이었지만 그 농담을 듣고 옆 사람이 웃기는커녕 오히려 분위기가 싸늘해지는 것을 내 등뒤로 느낄 수 있었다. 나는 그런 농담이 그 사람에게 어떤 영향을 미치게 될까 하고 혼자 생각해 보았다.

그런 일이 있은 지 여러 해가 지난 뒤 나는 어떤 집회에 참석하느라고 조지아 주 벰베드에 머물고 있었는데, 어느 날 저녁 나이가 82세 된 노인 한 사람이 내게 황급히 찾아와 구원을 받은 적이 있었다. 이런 일이 종종 있는 일이기는 하지만, 그가 어찌나 황급히 나를 찾아왔던지 하도 이상해서 그에게 물었다.

"나를 이렇게 밤늦게 찾아오고 싶어하신 까닭이 무엇인지요?"

"하나님께서 나를 받아주시기를 원하는 마음이 간절해져서 갑자기 목사님을 찾아뵙고 싶었소이다. 성령께서 나를 움직이신다는 걸 강렬하게 느꼈지요."

“전에는 그런 일이 없었습니까?”

내 물음에 그가 대답했다.

“내가 나이 쉰 살이 되었던 후로는 오늘까지 이런 일은 한 번도 없었지요.”

“노인장께서 50세 때 어떤 일이 있었지요?”

“목사님, 내가 구원받지 못하고 완전히 버려진 놈이로구나 하고 오늘밤처럼 절실하게 생각했던 게 실은 쉰 살 때였다오. 그때 나는 어떻게든 구원을 받아야겠다는 생각을 간절히 하고 있었지요. 그날 저녁 식당에서 밥을 먹고 있는데 한 목사가 다른 사람과 그 식당에 들어오더니 내 옆 좌석에 앉는 것이었다오. 그런데 그들이 하는 소리를 엿들어보니 그 목사의 입에서 내 평생에 처음 들어보는 아주 더러운 농담이 술술 거침없이 나오는 게 아니겠소. 나는 어찌나 민망했던지 그만 자리에서 일어나 식당에서 나오고 말았지요. 그 순간 구원에 대한 갈망이 싹 가셔버리더니 그 뒤로 오늘밤 이 순간이 오기까지 한 번도 구원에 대한 갈망을 느껴보지 못했답니다. 그러다가 오늘밤에서야 갑자기 다시...”

그 노인의 이런 이야기가 바로 작은 불씨 하나로 어떻게 거대한 삼림 전체를 태우고 잿더미로 만들어버릴 수 있는지를 잘 설명해주는 것이었고, 이것이야말로 『**보라, 작은 불이 얼마나 큰 것을 태우는가**!』라는 말씀을 뒷받침해주는 좋은 실례였다. 노인의 귀에 우연히 들려온 목사의 더러운 농담 한 마디가 그 노인의 일생 중 32년 동안이나 되는 긴 세월을 완전히 망쳐놓았던 것이다.

『**이와 같이 혀도 작은 지체지만 큰 일들을 자랑하느니라. 보라, 작은 불이 얼마나 큰 것을 태우는가**!』

이 사실을 실증적으로 보여준 역사적 사례들 가운데 가장 빼저린 실례를 아돌프 히틀러가 보여주었다. 그가 한 일은 단지 혀를 놀린 것뿐이었다. 그 누구에게 총 한 방 쏘지 않고도 독일 국민의 마음을 한 손아귀에 거머쥐고 전세계가 전쟁에 휘말리는 엄청난 일을 도모할 수 있었던 예로 이보다 더한 것이 없었다. 그는 입 안에 있는 한 치 혀만 놀리고도 2백2십만 명에 달하는 젊은이들을 군대로 끌어 모을 수 있었다. 그는 총을 뽑지도 않았고 칼을 빼들지도 않았으며 폭탄을 들고 으름장을 놓은 것도 아니었다. 그는 단지 혀만 놀려댔을 뿐이었다. 그러고도 2백2십만 명에 달하는 대군을 형성하여 유럽 대륙을 온통 쑥밭으로 만들 수가 있었던 것이다.

3:6 **혀는 불이요, 죄악의 세상이라. 그처럼 혀는 우리 지체들 가운데**
있으면서 온몸을 더럽히며, 또 일생을 불태우나니, 곧 지옥의 불에
서 태우느니라.
7 **모든 종류의 짐승들과 새들, 뱀들, 바다 속에 있는 것들은 사람에**
의해 길들여지며 또 길들여져 왔으나,
8 **혀를 길들일 수 있는 사람은 아무도 없나니 그것은 억제할 수 없**
는 악이요, 죽이는 독이 가득하도다.
9 **그것으로 우리가** 하나님**이신** 아버지**를 송축하고, 또 그것으로 우리**
가 하나님**의 모습대로 만들어진 사람을 저주하느니라.**
10 **같은 입에서 축복과 저주가 나오는도다. 나의 형제들아, 이렇게**
되어서는 아니되느니라.

『혀는 불이요, 죄악의 세상이라. 그처럼 혀는 우리 지체들 가운데 있으면서 온몸을 더럽히며, 또 일생을 불태우나니, 곧 지옥의 불에서 태

우느니라』(6절).

『**혀**』가 무엇이라고? 『**혀는 불**』이라고 정의를 내린다.

『**죄악의 세상이라.**』

인간을 이처럼 부정적인 시각으로 서술할 수도 있단 말인가!

도무지 긍정적인 데가 하나도 없지 않은가? 그렇다면, 철학자들의 인간관은 그 모두가 거짓말이요, 사기가 아닌가! 철학자야말로 그 혀를 제멋대로 움직이는 자다.

『**혀는 불이요, 죄악의 세상이라.**』

언젠가 드와이트 무디 목사는 어떤 다른 목사에게 "80배나 잘못된 지독한 과오가 당신의 메시지 안에 들어 있소이다." 하고 말했다. 상대 목사가 어안이 벙벙해진 채 무디 목사를 쳐다보자 드와이트 무디는 자기의 혀를 내밀어 보이면서 물었다.

"이게 보이오?"

"예. 그렇소만..." 하고 다른 목사가 대답하자,

"나는 이 혀를 하나님의 영광을 드러내는 일에만 사용하는데, 당신의 혓바닥은 도대체 무엇을 위해 사용하고 있는 거요?" 하고 나무랐다고 한다.

『**그처럼 혀는 우리 지체들 가운데 있으면서 온몸을 더럽히며, 또 일생을 불태우나니, 곧 지옥의 불에서 태우느니라.**』

부정적인 게 여기 또 있다.

영어 <킹제임스성경>에서는 『**일생**』을 "the course of nature," 즉 "자연이 걷는 과정"이라고 표기하고 있다. 그러니까, 그 잘난 "어머니 자연"에 대해서도 성경은 『**불태우나니**』 하고 부정적이다. 그 잘난 "어머니 자연"이 땅속 지옥으로부터 불을 받는다. 그래서 이 자연이 걷는 과정은 『**지옥의 불에**』 불타고 있는 과정이다. 우리 몸 안에 있는 혀가 온몸을 더럽히는 것처럼 지구 속에 있는 불이 자연에 온통 불을 지르는 것이다. 이처럼 지옥 불에 불타는 과정이 곧 그 잘난 "어머니 자연"이 걷는 과정인 것이다.

어떤 유행가에 "자연스레 되어가네."라는 가사가 있다. "자연스레 되어간다."는 게 무슨 뜻인가? "지옥불에 불타고 있네."라는 뜻이다.

어떤 작자는 자연 보호를 위해서 "자연으로 하여금 제 길을 가도록 내버려 두라."고 말한다. 자연이 제 길을 가도록 하는 길은 지옥 불에 불타도록 하는 길밖에는 없는데도 말이다.

구원받지 못한 사람은 "자연인"이다. 그러니까, 이 사람은 『**지옥의 불에서**』 불타고 있는 과정에 있는 사람이다. 이 "자연인"이 구원받지 못한 채 제 길을 가고 있는 과정은 곧 지옥 불에 불타며 지옥을 향해 달리고 있는 과정이다. 말하자면, 지옥에 떨어지도록 저주받은 상태에 있다는 얘기다. 그러니까, "자연이 걷는 과정," 즉 "the course of nature"는 사람으로 치자면 구원받지 못한 자연인의 『**일생**』을 말한다. 이런 사람의 『**일생**』은 지옥을 향해 가는 과정이다.

혀는 사람의 몸을 더럽힐 수가 있다. 예수 그리스도께서도 그렇게 말씀하셨다. 예수님께서는 사람의 입으로 들어가는 것이 사람을 더럽히는 것이 아니라 사람의 입에서 나오는 것이 사람을 더럽힌다고 말씀하신다.

『**입으로 들어가는 모든 것은 배를 통해 뒤로 나가는 줄 알지 못하느냐? 그러나 입에서 나오는 것들은 마음으로부터 나오나니, 이것들이 사람을 더럽히느니라. 마음에서는 악한 생각과 살인과 간음과 음행과 도**

둑질과 거짓 증언과 모독이 나오느니라. 이런 것들이 사람을 더럽히는 것이며 씻지 않은 손으로 음식을 먹는 것은 사람을 더럽히지 아니하느니라』(마 15:17-20).

이처럼 몸은 더러워질 수가 있다. 그런데, 『**만일 누구든지** 하나님**의 성전을 더럽히면** 하나님**께서도 그 사람을 멸하시리라. 이는** 하나님**의 성전은 거룩하며 너희는 그 성전이기 때문이라.**』(고전 3:17)고 성경은 말씀한다. 당신의 몸은 당신의 혀로 더럽혀질 수가 있다. 당신의 혀는 당신이 해서는 안 될 말을 나불대는 수가 많다. 그러므로 당신은 매우 주의하지 않으면 안 된다. 당신이 도저히 지킬 수 없는 약속이라면, 당신의 혀가 부주의하게 약속을 해버리지 않도록 붙잡아 매야 한다. 당신이 후에 도저히 옳게 해명할 수 없는 것들이라면 당신의 혀가 생각 없이 지껄이지 못하도록 단속하지 않으면 안 된다. 당신이 결혼식을 올리면서 주례를 선 목사가 "당신의 남편을 일생 동안 사랑하고 복종할 것을 서약하는가?"라고 물을 때, 당신은 깊이 생각해보고 나서 "예."라고 대답해야 한다. 마음에는 그럴 생각이 전혀 없으면서 "예"하고 대답했다가 자기 몸을 더럽히는 여자들이 얼마나 많은가? 『**만일 누구든지** 하나님**의 성전을 더럽히면** 하나님**께서도 그 사람을 멸하시리라.**』는 성경 말씀을 가볍게 여기지 말라.

만약 당신이 실수로 혀를 잘못 놀려 다른 사람에게 고통을 주었다면, 당신은 당장 그에게 가서 사과하기를 주저해서는 안 된다. "내가 당신에게 한 말은 잘못된 것이니 내가 사과합니다. 깨끗이 잊어버리기 바랍니다." 하고 깨끗이 사과한다면, 당신은 자신의 혀에 대해 책임질 줄 아는 훌륭한 사람이다. 이것은 목요일을 수요일이라고 잘못 말했을 때, 그 자리에서 "참, 수요일이 아니라 목요일이군요." 하고 얼른 수정해 주는 것만큼이나 어렵지 않게 생각할 수 있어야 한다. 이렇게 해서 잘못 말한 것을 바로잡는 일은 자신의 혀가 평소에 실수하지 않도록 단련시키는 아주 좋은 훈련 방법이 된다.

어떤 경우에는 한번 내뱉으면 나중에 다시 바로잡을 수 없는 말을 당신의 혀가 놀리는 수도 있다. 10층 높이에서 새의 깃털을 바람 부는 창밖으로 날려 버리라고 명령해 놓고는 30분쯤 지난 뒤에 그 명령을 취소해봤자 때는 이미 늦었다. 지하철을 타고 가다가 타임스퀘어 역에 정차하자 옆자리에 앉은 시골 노인네가 당신더러 여기가 센트럴파크 역이냐고 물어왔을 때, 당신이 그만 잘못 알고 "그렇소." 하고 대답했다고 치자. 그 바람에 노인이 얼른 내리고 말았는데, 차 문이 닫히고 떠날 때에서야 당신이 잘못 가르쳐 준 것을 알고 그 말을 바로잡아 주려고 해봤자 그 때는 이미 다 틀렸다는 얘기다.

이것은 거리설교를 하면서 복음을 전할 때도 마찬가지다.

당신이 만약 『**어떤 다른 복음**』(갈 1:8,9)을 전하고 난 뒤 그것이 잘못이었다는 것을 나중에 알고 나서 얼른 그리로 달려가 봤자 당신의 잘못된 설교를 통해 『**어떤 다른 복음**』을 들었던 사람들은 이미 온데간데없을 것이다. 당신은 그 책임을 어떻게 질 것인가?

『**모든 종류의 짐승들과 새들, 뱀들, 바다 속에 있는 것들은 사람에 의해 길들여지며 또 길들여져 왔으나,**』(7절)

땅위에 있는, 바다 속에 있는, 모든 동물들은 사람에게 사로잡힌 바 되어 있다. 이것은 과거에도 그랬고, 또 지금도 그렇다. 맹독을 품고 있는 무서운 코브라 뱀도 사람에게 사로잡혀 길들여진다.

야고보서는 그 내용이 기본적으로 대환란 시대에 적용되지만, 그렇다고 해서 여기서 언급되는 내용들을 모두 어느 특정한 시대의 교리로만 분리해 놓을 수는 없다. 왜냐하면, 어떤 내용들은 시대를 초월하여 모든 사람들에게 보편적으로 적용되는 내용들을 이야기하고 있기 때문이다.

『혀를 길들일 수 있는 사람은 아무도 없나니 그것은 억제할 수 없는 악이요, 죽이는 독이 가득하도다』(8절).

사람이 다른 것은 모두 길들일 수 있는 데 반하여 혀만은 길들일 수 없다고 언급한다. 그래서 사람의 혀는 『**억제할 수 없는 악**』이라고 정의를 내린다. 사람의 혀는 그 누구에게도 다스려질 수 없는 악이라는 것이다. 인간에게 만약 어떤 신적 속성이 있다고 한다면, 바로 이 점이라고 말할 수 있겠다. 사람의 혀는 『**죽이는 독이 가득**』하다고 말한다. 사람의 혀야말로 사람 자신에게 치명적인 요소가 된다는 것이다. 이것은 모든 사람의 혀가 다 마찬가지다. 구원받지 못했건, 구원받았건, 이 점에 있어서 만큼은 차이가 없다. 가령, 그리스도인들도 걸핏하면 "하나님 맙소사!"라는 말을 내뱉는다. 영어로는 "Good heavens!"다. 잘 생각해 보면 이것은 하나님을 원망하는 수준이 아니라 하나님을 비난하는 말이다. 그런가 하면 또, "하늘에 걸고 맹세한다."는 말을 한다. 그러나 성경은 하늘에 걸고 맹세하지 말라고 명령한다.

영어권에 사는 사람들은 또 무슨 말을 듣고 놀라 "뭐야?" 하고 어처구니없다는 뜻을 표명하면서 "그럴 리가 없다."고 말할 때 "My stars!"("오, 나의 별들이여!") 하고 외친다. 역시 하늘을 원망하는 정도가 아니라 비난하는 말이다. 또, 무엇인가를 맹세코 말한다고 할 때 "땅이 꺼져도!"("Land's sake.")고 말한다. 그러나 성경은 땅으로도 맹세하지 말라고 명령한다. "제발"이라고 말할 때도 "My lands!", 즉 "내 땅의 이름으로!"라고 말한다. 이 역시 땅으로도 맹세하지 말라는 성경 말씀에 위배되기는 마찬가지다.

하지만, 공식적인 자리에서나 재판소 같은 데서 어떤 사람이 손을 들고 "하나님의 이름으로" 서약하는 것은 문제될 게 없다. 문제가 되는 것은 일상적인 말 가운데서 진지한 마음을 결여한 채로 "하나님의 이름으로 맹세하건대!"라고 함부로 서약하는 것이다. 성경이 금하고 있는 것은 바로 이런 것이다. 하나님의 이름을 헛되이 사용하지 말라는 것이 그 진의인 것이다.

그리스도인들이라고 자처하는 사람들도 걸핏하면 말끝마다 "My God!" 또는 "My goodness!"라는 말을 내뱉는 걸 흔히 본다. 이 역시 표면적으로는 "오, 하나님!"이라는 뜻 같지만, 알고 보면 이 말 속에는 하나님에 대한 원망과 비난을 넘어 "선하다는 하나님이 이렇게 고약할 수 있는 거요?" 하고 하나님더러 악하다고 욕하는 내용이 은연중에 담겨 있다.

어디 그뿐인가? 그리스도인이라는 사람들이 "아이고!" 하고 외치면서 "Gee!"("지!") 하고 소리를 친다. 이 말은 곧 "예수"라는 뜻의 "지서스"(Jesus)에서 머리 글자의 발음 하나만 따온 것이다. 말하자면, "예수여!" 하고 외치는 소리다. "예수여!" 하고 외치는 게 뭐가 잘못이냐고 생각하겠지만, 실은 이 말이 "예수, 너, 정말 이럴래?" 하고 예수님께 대드는 소리라는 게 문제다 "어이쿠, 큰일 났군!"이라고 말할 때도 "거쉬!"("Gosh!") 하고 외친다. 이 말 역시 "My God!"이나 마찬가지로 하나님에게 주먹을 들이대며 덤벼드는 짓이다. "하나님"이란 뜻의 "갓"("God")도 흑인들은 곧잘 "갈리"("gally")라고 발음하여 "어머나," "저런!" 등의 뜻으로 사용한다. 이 역시 하나님을 얕잡아 보는 신성 모독적인 발상에서 나온 말이다.

TV의 인기 프로 가운데 제목이 "곡"("Gog")이라는 게 또 있는데, 이 역시 "하나님"을 모멸적으로 표현한 발음이다. 어째서 하필이면 "곡"이란 말인가? 이것은 에스겔서에서 언급되는 적그리스도 "곡과 마곡"의 바로 그 "곡"(Gog)이다.

이런 것들이 모두 『**죽이는 독이 가득**』한 치명적인 혓바닥에서 나오는 것들이다. 이런 식으로 사람들은 끊임없이 혀를 놀려대며 하나님을 모독한다. 여기에는 그리스도인이든, 비그리스도인이든, 너나없이 차이가 없다.

내가 이런 식으로 미국인들이 일상적으로 사용하는 말들을 놓고 시비를 걸자 어떤 사람들은 아침 인사나 저녁 인사로 "굿모닝!"("Good morning."), 또는 "굿나잇"("Good night.") 하고 말하는 것은 아무 문제가 없느냐고 빈정대기도 하지만, 나는 이런 말들이 복음 전파와 관련될 경우 아무 문제도 없다고 생각한다. 아침에 "굿모닝!" 하고 던지는 인사는 "주님께서 오늘 재림하신다면 좋은 하루가 될 거요."라는 말로 던지는 말이요, 저녁 인사로 "굿나잇!" 하고 말하는 것 역시 "오늘 밤 사이에 주님께서 당신을 데려가시는 좋은 밤이 되기를!"이라는 등의 뜻을 담고 던지는 인사라면 이 얼마나 멋진 말인가! 만약 구원받지 못한 사람에게 이런 인사를 던질 경우 같으면, 아침에 "굿모닝!"이라고 던지는 인사가 "오늘은 구원받는 좋은 날이 되기를!"이라는 뜻이요, 저녁에 "굿나잇!"이라고 던지는 인사는 "오늘 밤 동안이라도 당신의 구원에 대해 깊이 생각해보는 좋은 밤이 되시오."라는 내용으로 던지는 인사라면 이 얼마나 의미 있는 말이 되겠느냐는 것이 내 생각이다. 문제는 생각하기 나름이다. 고약한 것은 무의미하거나 은연중에 하나님을 모독하는 내용이 담겨 있는 말에 있다.

『**혀를 길들일 수 있는 사람은 아무도 없나니**』.

이 말은 사람의 능력으로는 혀를 제어할 수 없다는 의미가 아니라 혀를 제어하려고 마음먹는 사람이 정말이지 적다는 뜻이다. 혀는 무엇이나 지껄일 수 있건만, 사람들은 그러한 혀를 내버려두는 게 보통이고, 혀를 놀리고도 그 혀가 무슨 말을 나불댔는지 되돌아보지 않는 게 일반적이다. 그래서 앞서 2절에서 『**말로 실족케 하지 않는 사람이 있다면 그 사람은 온전한 사람**』이라고 역설했던 것이다. 문제는 사람의 마음에 달려 있다.

『**그것으로 우리가** 하나님**이신** 아버지**를 송축하고, 또 그것으로 우리가** 하나님**의 모습대로 만들어진 사람을 저주하느니라**』(9절).

이 구절은 누구든지 사람을 저주하는 것에 대해 경고를 보내고 있다.

모든 사람이 『**하나님의 모습대로 만들어진**』 존재다. 인간이 하나님의 모습대로 만들어졌으되, "관념적으로" 그렇다는 것이 아니라 실제 하나님의 모습대로("after the similitude of God") 지어졌다고 언급한다. 그런 존재를 저주한다는 것은 있을 수 없는 일이다. 이것은 그리스도인들의 경우도 마찬가지다.

미국 남부지방 사람들은 흔히 "빌어먹을!"("Damn it!"), 또는 "꺼져!"("Go to hell!") 하고 욕을 잘하지만, 그러면서도 이 말이 누구를 "저주"하고 있다는 생각은 하지 못한다. 이런 욕에 대해 그들이 갖고 있는 제1규칙은 이런 말을 절대로 여자들에게는 하지 않는다는 것이고, 제2규칙은 또 잘 모르는 사람한테는 이런 욕을 절대로 하지 않는다는 것이다. 이런 욕은 친구 사이에서나 가볍게 던지는 말이어야 한다는 게 그들의 불문율이다. 그러나 상대가 누구든 간에 저주의 말이라는 데에는 변함이 없다.

『같은 입에서 축복과 저주가 나오는도다. 나의 형제들아, 이렇게 되어서는 아니되느니라』(10절).

정말이지 옳은 말이다. 축복의 아름다운 말이 나오는 입에서 저주의 더러운 말이 또 나온다는 것은 실로 경계할 일이다. 우리는 못마땅한 일이라도 생기면 자신도 모르는 사이에 생각 없이 욕을 내뱉는다. 가령, 아침 식사를 하는 자리에서 불에 탄 비스킷을 보고 아버지가 "빌어먹을! 왜 이렇게 탔지?" 하고 투덜대는 소리를 듣고 어린 딸이라도 옆에 있다가 "아빠, 왜 축복하지 않고 저주를 해요?" 하고 묻기라도 한다면 당신은 무어라고 대답할 말을 잃고 말 것이다. 당신의 어린 딸은 성경 구절을 기억하고 그것을 인용하고 있으니 말이다.

3:11 **샘이 같은 곳에서 단물과 쓴물을 낼 수 있느냐?**
12 **나의 형제들아, 무화과나무가 올리브 열매를, 포도나무가 무화과를 맺을 수 있겠느냐? 그와 같이 짠물과 단물을 다 내는 샘은 없느니라.**

『샘이 같은 곳에서 단물과 쓴물을 낼 수 있느냐?』(11절).

한 샘에서 단물과 쓴물이 같이 나오는 법은 없다. 자연의 이치가 이러하거늘 사람이 어찌 축복의 말과 저주의 말을 한 입으로 할 수 있겠느냐는 것이다.

『나의 형제들아, 무화과나무가 올리브 열매를, 포도나무가 무화과를 맺을 수 있겠느냐? 그와 같이 짠물과 단물을 다 내는 샘은 없느니라』(12절).

무화과나무는 무화과 열매를 맺기 마련이고, 포도나무는 포도를 맺기 마련이다. 이것이 자연의 이치다. 한 근원에서 서로 상반되는 것이 나오지 않는다는 것은 너무나도 당연한 자연의 이치인 것이다. 그러나 한 근원으로부터 서로 상반되고 모순되는 것이 나올 수 있는 게 있는데, 그것은 바로 사람의 입이라고 야고보는 그 실례를 들고 있다.

3:13 너희 가운데 현명하고 지식을 갖춘 자가 누구냐? 그는 선한 행실을 통하여 지혜의 온유함으로 자신의 행함을 나타내 보일지니라.

14 만일 너희 마음속에 독한 시기와 다툼이 있으면 자랑하지 말며 진리를 거슬러 거짓말하지 말라.

15 이러한 지혜는 위로부터 내려오는 것이 아니라 땅에 속한 것이요, 정욕적이며 마귀적인 것이니라.

16 이는 시기와 다툼이 있는 곳에는 혼란과 온갖 악한 일이 있기 때문이라.

17 그러나 위로부터 오는 지혜는 첫째, 순수하고 그 다음은 화평하며, 친절하고, 양순하며, 자비와 선한 열매들로 가득하고, 편견이 없고, 위선이 없나니

18 의의 열매는 화평케 하는 자들의 화평 안에 뿌려진 것이니라.

『너희 가운데 현명하고 지식을 갖춘 자가 누구냐?』(13절)

야고보는 지금 『**현명하고 지식을 갖춘 자**』란 어떤 사람을 두고 하는 말인지 그 정의를 내려주고자 한다. 『**현명하고 지식을 갖춘 자**』란 바로 이런 사람을 두고 하는 말이니, 즉 『**선한 행실을 통하여 지혜의 온유함**

으로 자신의 행함을 나타내』 보이는 사람이라는 것이다. 이 경우 『**선한 행실**』("good conversation")이란 반드시 일상 생활 동안에 행하는 행실만을 뜻하는 게 아니다. 이것은 "입"을 의미한다. 당신은 자신의 생활을 통해서도 『**자신의 행함**』("his works")을 나타낼 수 있지만, "입"을 통해서도 그것을 나타내 보일 수가 있는 것이다. 당신의 입을 통해서 나오는 말을 들어보면 당신의 삶의 모습이 어떠한지 금방 알 수가 있다. 사람의 말속에는 그 사람의 삶이 반영된다.

『**만일 너희 마음속에 독한 시기와 다툼이 있으면 자랑하지 말며 진리를 거슬러 거짓말하지 말라**』(14절).

당신의 입에서 『**독한 시기와 다툼**』을 나타내는 말이 튀어나오지 않는다면, 마음속에 혹시 『**시기와 다툼**』이 숨어있더라도 당신은 그것을 능히 통제할 수 있는 사람이다. 입으로 『**진리를 거슬러 거짓말하지**』 않는다면, 당신은 마음으로도 『**진리를 거슬러 거짓말**』하는 생각을 품지 않는 사람이다. 당신의 행동이 어떠하냐 하는 것은 이와 같이 당신의 입으로 무슨 말을 지껄이느냐에 따라서도 결정되는 법이다. 그러므로 일상적인 삶 가운데서 『**지혜의 온유함으로**』 행동하고 싶다면, 『**지혜의 온유함으로**』 당신의 "입"을 다스리는 게 매우 중요하다. "입"은 사람의 생각과 행실을 반영하기도 하지만, 때로는 사람의 생각과 행실을 지배하기도 하는 것이다. 당신의 마음속에 『**시기와 다툼**』이 숨어 있더라도, 그것을 입으로 나불대지 않고 제어하면, 어느새 마음속에 있던 그 『**시기와 다툼**』도 사그라드는 법이다. 당신의 마음속에 『**진리를 거슬러**』 생각하는 어떤 사고가 들어 있다 하더라도, 당신의 혀로 『**진리를 거슬러**』 함부로 지껄이지 않도록 스스로 조심한다면, 진리를 거스르던 그 생각이 사라지게 된다. 이렇게 하는 것이 바로 『**지혜의 온유함**』인 것이다.

이렇게 할 수 없다면, 그래서 자신의 혀가 움직이는 대로 제멋대로 지껄이게 내버려둔다면, 당신은 온유한 지혜를 가진 사람이 아니며 『**지혜의 온유함으로**』 선한 행실을 유도할 능력이 도무지 없는 사람이다.

『**이러한 지혜는 위로부터 내려오는 것이 아니라 땅에 속한 것이요, 정욕적이며 마귀적인 것이니라**』(15절).

마음 속에 『**독한 시기와 다툼**』이 도사리고 있고, 『**진리를 거슬러**』 생각하는 사고가 들어 있을 때, 어떤 사람들은 자기가 "솔직하다"는 것을 과시하기 위해 그것을 그대로 입 밖으로 내뱉기를 서슴지 않는 사람들도 있지만, 『**이러한 지혜는 위로부터 내려오는 것이 아니라 땅에 속한 것**』이라고 잘라 말한다. 다시 말해서, 올바른 종류의 지혜가 되지 못한다는 것이다. 그런 지혜는 『**정욕적이며 마귀적인 것**』이기에 옳은 지혜일 수가 없다.

지식도 그렇지만, 지혜에도 두 가지 종류가 있다. 디모데전서 6:20에 『**거짓되이 일컬어지는 과학**』이라는 언급이 나온다. 이것이 바로 "거짓되이 일컬어지는 지식"이다.

『**과학**』이라고 해서 다 나쁜 게 아니다. 참된 지식은 좋은 지식인 것처럼 참된 과학 역시 좋은 과학이다. 이처럼 지식에도 거짓된 지식과 참된 지식, 즉 유익한 지식과 해로운 지식이 있는 것처럼, 지혜 역시 위로부터 내려온 지혜와 땅에 속한 지혜, 곧 참되고 좋은 지혜와 거짓되고 악한 지혜의 두 가지가 있는 것이다. 솔로몬은 『**지혜가 많으면 슬픔도 많으니, 지식을 늘리는 사람은 슬픔을 늘리는 것이라.**』(전 1:18)고 말했다.

지식이라고 해서 다 좋은 게 아니다. 마귀도 지식을 갖고 있다.

지혜 역시 지혜라고 다 좋은 게 아니다. 마귀는 지혜가 충만하다

문제는 지식이나 지혜가 어떤 종류냐에 달려 있다. 예를 들면, 성경은 『**주를 두려워함이 지혜의 시작이라.**』(시 111:10)고 말씀한다. 이런 지혜라면 그것은 좋은 지혜이다. 그런가 하면 또, 『**악에서 떠나는 것이 명철이니라.**』(욥 28:28)고 말씀한다. 지식이란 사람이 무엇인가를 아는 것을 말하고, 지혜란 지식을 옳은 일에 사용할 줄 아는 것을 말하며, 명철이란 자기의 아는 바가 하나님과 어떤 관계가 있는지 아는 것을 말한다. 마귀는 지식과 지혜는 갖고 있지만 명철을 갖고 있지 못한다. 지혜는 지식을 어디에 어떻게 적용하여 무엇을 할 것인가를 생각해내는 능력이고, 명철은 자기가 알고 있는 일, 또는 행하는 일과 하나님께서 원하시는 것 사이에 어떤 관계가 있는지를 아는 능력이다. 따라서 명철이 결여된 지식과 지혜는 쓸모가 없는 것들로서, 세상의 지식과 지혜가 바로 그런 것들이다. 세상 학문은 아무리 깊고 넓어도 도무지 하나님과의 관계를 설정하지 않는다. 명철이 없기 때문이다. 따라서 세상 학문으로 성경에 대해 이러쿵저러쿵하는 것은 아주 돼먹지 않은 자들이나 자행하는 건방진 짓이다.

『**독한 시기와 다툼**』은 그 자체가 위로부터 내려온 지혜가 아닐 뿐만 아니라 『**마음속에**』 그런 것들이 자리잡고 있다는 것을 당신이 안다고 해서 당신이 올바른 지혜를 갖고 있는 것도 아니다. 이런 지혜는 『**위로부터 내려오는 것이 아니라 땅에 속한 것이요, 정욕적이며 마귀적인 것**』이다. 당신은 이런 지혜를 마귀로부터 받을 수 있다. 당신은 이런 지혜를 자랑해서는 절대로 안 된다.

『**이는 시기와 다툼이 있는 곳에는 혼란과 온갖 악한 일이 있기 때문이라. 그러나 위로부터 오는 지혜는 첫째, 순수하고 그 다음은 화평하**

며, 친절하고, 양순하며, 자비와 선한 열매들로 가득하고, 편견이 없고, 위선이 없나니』(16,17절).

『**시기와 다툼**』이 좋은 지혜가 될 수 없는 까닭은 이런 것이 있을 때 반드시 『**혼란과 온갖 악한 일**』이 발생하기 마련이기 때문이다. 바울은 시기에 대하여 육신적인 그리스도인의 특성이라고 말한다(고전 3:3).

『**위로부터 오는 지혜는 첫째, 순수하고 그 다음은 화평하며**』.

『**화평**』이 첫째가 아니라 『**순수하고**』가 첫째이고, 그 다음에야 『**화평**』이 온다는 사실에 주목하라. 당신이 아무 지혜나 그것을 갖고 있다고 해서 마음이 항상 완전한 『**화평**』을 누리는 것은 아니다. 당신은 다른 성도들과 다투기도 하고 당신과 다른 형제들 사이에 분란이 있을 수도 있다. 어떤 때는 당신이 치밀어 오르는 화를 참지 못해 다른 사람들을 불쾌하게 만들기도 하고, 또 어떤 때는 뜻하지 않게 박해를 받기도 할 것이다. 그러나 위로부터 오는 지혜를 갖고 있으면 당신은 첫째 『**순수**』할 수가 있다. 왜냐하면, 하나님께서 말씀하시는 바는 반드시 옳기 때문이다. 하나님의 옳은 말씀을 붙잡고 있으면 당신도 옳게 된다. 순수하다는 것은 곧 옳다는 뜻이다. 당신이 화평하기 전에 먼저 옳게 된다는 말이다.

밥존스 1세는 영어 단어들 가운데서 가장 위대한 두 마디 단어는 "옳은 일을 하라."("Do right.")는 말이라고 늘 말했다. 하늘이 무너져 내리더라도 "옳은 일을 하라."고 그는 역설했다. 일이 잘못될까봐 걱정하기 전에 먼저 "옳은 일을 하라," 일이 잘못되어 가기 전에 먼저 "옳은 일을 하라," 일이 잘못되기에 앞서 "옳은 일"로 하여금 먼저 기선을 잡도록 하라, 그는 항상 이렇게 말했다. 모든 사람들이 "옳은 일"을 한다면 이 세상에 구원받지 못할 사람은 하나도 없을 것이다.

순수하면 옳은 일을 하게 되어 곧 거룩해진다. 『**위로부터 오는 지혜는 첫째, 순수하고 그 다음은 화평하며**』라는 말씀은 바로 이것을 말한다. 화평은 순수함에 앞서지 못한다. 순수함이 없이는 화평이 올 수가 없다. "옳음"이 없이는 진정한 화평이 뒤이을 수가 없다. "의"가 먼저 있은 다음에 화평이 온다는 말이다.

『**친절하고**』. "친절"이란 당신에게 무엇인가를 강요하지 않는 것을 말한다. 주님의 징계와 마귀가 주는 고통이 다른 점은 바로 여기에 있다. 주님의 설득과 마귀의 회유가 다른 점 역시 여기에 있다. 마귀가 당신을 회유한 결과는 혼란이요, 절망이다. 당신이 마귀에게 회유당하고 나면 당신은 유다 이스카리옷처럼 자살하게 된다. 당신이 마귀의 회유를 받아들이면 언제나 잃어버린 자로 남아 있게 되고 언제나 희망이 없으며, 언제나 속이 타고 무엇을 하더라도 의미를 발견할 수가 없어 미칠 지경이 된다.

그러나 주님의 설득은 친절하다. "아니야, 그건 옳지 않아. 그것도 옳지 않단다. 옳지, 그렇게 해야지. 그래, 그렇게 말야. 아냐, 그게 아니란다. 그래, 그래. 그렇게 해야지. 그래, 좋아! 그게 옳은 일이란다!"

주님의 설득은 언제나 이런 식이다. 그분의 징계도 마찬가지다. 하나님께서 당신에게 벌을 내리실 때, 그 목적은 징벌 자체에 있는 게 아니라 당신의 잘못을 채찍질하신 다음 당신에게서 죄악을 몰아내고 삶 가운데서 열매를 맺게 하셔서 당신으로 하여금 더욱더 하나님을 사랑하게 만드시고 하나님께서 기뻐하시는 것들이 당신에게서 더욱더 많이 발견되어 마침내 당신이 하나님께서 바라시던 사람으로 변화되게 하시려는 데에 그 목적이 있다. 그러나 마귀가 고통을 주는 것은 전혀 그 양상도 다르고 목적도 생판 다르다. 마귀가 당신에게 고통을 주는 의도는 당신을 먼저 광란적이고 광신적이 되게 만든 다음, 뒤이어 마음속에 혼란과 의혹과 공허감만 남게 만들기 위함이다.

『**양순하며**』.

여기서 『**양순**』하다는 것은 더 많은 지혜를 구하는 데 있어 양순하다는 뜻이다. 이런 사람은 자신의 지혜에 의존하지 않고 겸허하게 위로부터 오는 지혜를 구한다.

『**자비와 선한 열매들로 가득하고**』.

위로부터 오는 지혜를 가진 사람에게서는 자비와 선함이 나오게 된다. 이런 지혜를 갖고도 자비와 선함이 나오지 않을 리가 없다.

『**편견이 없고**』란 자기 생각대로 사람들을 차별하여 파당을 짓지 않는 것을 말한다. 이런 사람에게 『**위선**』이 있을 수 없다는 것이야 두말할 나위도 없다.

『**의의 열매는 화평케 하는 자들의 화평 안에 뿌려진 것이니라**』(18절).

이 말씀은 신약 교리를 위시하여 여러 가지 경우에 널리 적용될 수가 있는 말씀이다. 당신은 사람들을 그리스도께로 인도함으로써 사람들과 하나님 사이에 화평이 있게 할 수가 있고, 그들이 주님 안에서 화평하게 살 수 있게 할 수도 있다. 당신은 화평케 하는 자가 될 수 있는 것이다. 당신이 뿌려놓는 이런 화평들로부터 당신은 또 의의 열매를 거두어들일 수도 있다. 당신은 사람들로 하여금 그리스도 안에서 살도록 해줌으로써 그들에게 화평이 임하게 해주고 그 화평으로부터 의의 열매를 거둘 수 있도록 해줄 수가 있다.

야고보서 4장

4:1 너희 중에 싸움과 다툼이 어디로부터 오느냐? 너희 지체들 속에서 싸우고 있는 너희 정욕들로부터 오는 것이 아니냐?

2 너희가 갈망하여도 얻지 못하고, 너희가 살인하고 갖고자 열망하여도 얻을 수 없으며, 너희가 다투고 싸워도 얻지 못하니 이는 너희가 구하지 않기 때문이라.

3 구하여도 받지 못함은 너희 정욕에다 쓰려고 잘못 구하기 때문이라.

『너희 중에 싸움과 다툼이 어디로부터 오느냐? 너희 지체들 속에서 싸우고 있는 너희 정욕들로부터 오는 것이 아니냐?』(1절)

"너희 중에 싸움과 다툼이 어디로부터 오느냐? 잘못된 너희 경제 체제에서 오는 게 아니냐?" 이것이 칼 마르크스의 주장이었다. 엥겔스도 그랬고, 카스트로도 마찬가지 주장을 폈다. 이들은 『**싸움과 다툼**』이 모두 공평한 분배가 이루어지지 않는 경제 체제하에서 분배의 균형이 무너지기 때문에 초래된다고 보았다.

그러나 성경은 그렇게 말씀하지 않는다. 성경은 『**싸움과 다툼**』이 『**너희 지체들 속에서 싸우고 있는 너희 정욕들로부터**』 나온다고 말씀한다. 『**싸움과 다툼**』, 곧 전쟁은 인간의 내부로부터 나온다는 것이다. 인간은 실로 호전적이다. 각 『**지체들**』은 자신들이 갖지 못한 것을 어떻게든 손에 넣으려는 정욕을 불태우다가 그것이 화근이 되어 결국 전쟁을 일으키고 만다.

『너희가 갈망하여도 얻지 못하고, 너희가 살인하고 갖고자 열망하여도 얻을 수 없으며, 너희가 다투고 싸워도 얻지 못하니 이는 너희가 구하지 않기 때문이라』(2절).

전쟁의 두 번째 원인이 바로 이것이다.

전쟁의 첫째 원인이 『**갖고자 열망**』하는 데서 싹튼다면, 그 두 번째 원인은 하나님께 구하지 않기 때문에 움튼다. 하나님께 구하지 않기 때문에 갖고자 해도 얻지 못하고, 얻지 못하기 때문에 더욱더 갖고자 열망하여 서로 다투고 싸운다. 이렇게 볼 때, 전쟁은 결국 인간의 본성으로부터 초래된다는 것을 알 수 있다. 전쟁은 케케묵은 경제의 구체제가 잘못되었기 때문에 터지는 게 아니라는 얘기다. 옛 경제 체제가 아직도 세계 균형을 유지하고 있는 걸 보면 그것을 알 수 있다. 전쟁은 인간 내부로부터 움트는 것이다. 따라서 전쟁을 피하려면 뭐니 뭐니 해도 인간의 본성부터 개조하지 않으면 안 된다. 인간의 본성이 바뀌어야만 『**싸움과 다툼**』이 사라질 수 있다는 얘기다. 『**너희 중에 싸움과 다툼이 어디로부터 오느냐? 너희 지체들 속에서 싸우고 있는 너희 정욕들로부터 오는 것이 아니냐?**』는 말씀은 바로 이점을 예리하게 통찰하고 있다.

TV가 현대 인류에게 있어 최대의 해악이 되는 까닭이 바로 여기에 있다. TV는 하루 24시간, 일 년 365일 동안 한시도 쉬지 않고 당신이 무엇을 갖고 있지 못한가를 부지런히 일깨워주면서 당신이 갖고 싶어 할 만한 것들을 계속 화면으로 보여 준다. 그리하여 당신으로 하여금 끝내는 그것을 손에 넣고야 말겠다는 욕심을 내도록 부추기는 것이다. 젊은 글래머 여배우들을 등장시켜 남녀간의 로맨스에 얽힌 갖가지 너절한 이야기와 장면들을 방영하면서 그것을 보는 시청자들 마음속에서 자기도 모르게 정욕이 고개를 쳐들게 만든다. 그런가 하면 또, 최고급 신형 캐딜락 자동차 같은 것을 등장시켜 시청자들로 하여금 나도 저런 차 한 대쯤 굴려야겠다는 탐욕이 분수없이 고개를 쳐들게 만든다. 탐욕이란 고개를 쳐들었다가 사라지는 게 아니다. 탐욕이 한번 고개를 쳐들면 어떻게든 갖고 싶어진 것들을 손에 넣기 위해 수단 방법을 가리지 않고 투쟁하도록 부추기고, 여의치 않으면 살인까지도 자행하도록 가차없이 내몬다. 그런데 TV는 한술 더 떠서 살인하는 갖가지 방법들과 기발한 기술들까지도 곁들여 가르쳐 준다.

『**너희가 갈망하여도 얻지 못하고, 너희가 살인하고 갖고자 열망하여도 얻을 수 없으며, 너희가 다투고 싸워도 얻지 못하니**...』 그러면서도 하나님께 구할 줄은 모르고 겨우 한다는 짓이 강도짓이요, 살인이라니! 그러나 갖고 싶어도 얻지 못하고, 살인까지 하고서도 손에 넣지 못하며, 아무리 싸우고 다퉈도 갖고 싶은 것을 끝내 얻지 못한다. 왜? 『**너희가 구하지 않기 때문이라.**』고 2절은 그 이유를 밝힌다.

말이야 바른 말이지, 당신이 무엇을 갖고 싶다는 욕망이 생길 때마다 하늘을 우러러 "주님, 나는 그것을 갖고 싶습니다. 그것을 내게 주십시오." 하고 기도하며 번번이 하나님께 구하는 것은 사실 아니잖는가? 당신은 무엇인가 갖고 싶은 게 있을 때, 기회를 엿보거나, 운에 맡기거나, 아니면, 그것을 손에 넣기 위한 묘안을 짜내느라고 자신의 머리만 굴리지는 않는가? 하지만, 그러지 말고 무엇이건 한번 하나님께 구해 보는 게 어떤가? 당신이라고 백만장자가 못되라는 법이 어니 있고, 하늘을 찌를 듯이 높이 솟아 있는 도심의 빌딩 한 채쯤 갖지 말란 법이 어디 있는가? 요행수를 바라거나 운에 기대 보라는 게 절대로 아니다. 무엇이건 당신이 꼭 갖고 싶은 게 있다면 먼저 하나님께 매달리고 떼를 써 보는 게 어떻겠느냐는 것이 내 제안이다. 무엇이건 말이다. 당신이 만약 자가용 제트 비행기 한 대쯤 갖고 싶다면, 왜 하나님께 간구하지 않는가? 그렇게 하는 게 요행수를 바라는 것보다 놀랍게도 가능성이 훨씬 높다는 것을 당신은 알아야 한다. 하나님께서 당신의 간구를 들으시고 아닌 게 아니라 그것이 당신에게 꼭 필요하다고 판단하시거나 또는 당신이 그것을 가질 만한 자격이 충분히 있다고 판단하시면, 왜 그것을 당신에게 주시지 않겠는가?

사무엘하 12장을 보라. 『**그러자 나단이 다윗에게 말하기를 "당신이 그 사람이니이다. 이스라엘의** 주 하나님**께서 이같이 말씀하시기를 '내가 너를 이스라엘을 다스릴 왕으로 기름붓고 사울의 손에서 구해 내어 내가 네 주인의 집을 네게 주고, 네 주인의 아내들을 네 품에 주고, 이스라엘과 유다 집을 네게 주었느니라. 만일 그것이 너무 적었더라면 내가 이런저런 것들을 네게 더 주었으리라**』(삼하 12:7,8).

당신 자신을 당신 스스로가 가로막지 말고 하나님께 구하면 주시겠노라는 것이 하나님의 말씀이다. 아무것이나 당신이 구하지도 않는데 하나님께서 덮어놓고 주실 수야 없지 않은가? 당신이 무엇인가가 꼭 필요한데도, 그리고 당신이 그것을 가질 만한 자격이 충분히 있는데도, 당신이 그것을 갖지 못하고 있다면, 그것이 무엇이건, 당신이 그것을 소유하지 못하고 있는 이유는 단 한 가지, 당신이 그것을 하나님께 구하지 않았기 때문이다. 『**너희가... 얻지 못하니 이는 너희가 구하지 않기 때문이라.**』 이 말씀을 다시 한 번 깊이 묵상해 보라. 이것은 분명 "너희가 구하면 너희가 얻을 것이라."는 말씀이 아닌가? 그러니까, 갖지 못했다고 투덜대거나 낙심하기 전에 먼저 하나님께 나아가 그것을 달라고 기도부터 하기를 서슴지 말라. 아무리 기도해봤자 그런 것까지 하나님께서 주실 리가 있겠느냐고 당신 스스로 제풀에 판단하고 기도하기를 단념하는 어리석음을 범하지 말라.

기도하기를 단념하고, 하나님께 구하기를 포기하고 나면 당신은 필경 무엇인가 아주 고약한 짓을 스스로 궁리하게 되기가 쉽다. 그러나 성경은 당신이 『**갈망하여도 얻지 못하고, ...살인하고 갖고자 열망하여도 얻을 수 없으며**』라고 말씀한다. 그러니까 괜히 쓸데없는 생각 말고 먼저 하나님께 구하라. 무엇이든지 말이다. 주고 안 주시는 것은 하나님께서 결정하실 일이지 당신 스스로가 결정할 문제가 아니다. 교회 부지로 쓸 100에이커쯤 되는 넓다란 토지가 필요한가? 2천 명이 넘는 주일 학교를 꼭 운영해 보고 싶은가? 적어도 400명의 학생을 거느린 성경 신학원을 운영하고 싶은가? 하다못해, 나이 70세가 넘도록 왕성한 식욕을 유지하며 살 수 있는 건강한 인생을 원하는가? 가족들이 모두 구원받기를 원하는가? 자, 그렇다면 무엇이든 좋으니 당신이 원하는 게 있으면 먼저 하나님께 구하라는 말이다. 이런 것을 놓고 하나님께 기도하기를 주저할 이유가 어디 있단 말인가?

가족의 구원 문제를 놓고 고심하는 그리스도인들이 많지만, 이 역시 당신이 믿고 하나님께 간구하며 기회있을 때마다 말씀을 전파하도록 노력하라. 사도행전 16장을 보라.

『**그들이 말하기를** "주 예수 **그리스도를 믿으라. 그리하면 너와 네 집**

안이 구원을 받으리라."고 하니라. 그리고 그들이 주의 말씀을 그와 그의 집 안에 있는 모든 사람에게 전하니라... 그리고 그가 그들을 자기 집으로 데리고 들어와서 음식을 차려 주고 온 집안과 더불어 하나님을 **믿음으로 인하여 기뻐하더라**』(행 16:31-34).

이 사람은 자기 혼자서만 구원받고 만 게 아니라 복음 전파자가 전하는 말씀을 자신이 믿고 그 말씀을 다른 가족들에게도 전함으로써 온 집안이 하나님을 믿고 기뻐하게 되었다.

가족들의 구원을 놓고 기도할 때, 주님께서는 그에 대한 응답을 여러 해 동안 지연시키시는 경우가 종종 있는 것을 우리는 본다.

클로저 해리엇의 경우도 그러했다. 그는 남부 지방으로 이주하여 거기서 농사를 지으며 살았는데, 후에 샘 존스를 만나 구원을 받게 되었다. 그가 구원받은 게 쉰 살 때였는데, 그 때 벌써 큰아들이 서른 살쯤 되었고 작은아들은 스물 일곱 살쯤이었다. 그 농부는 구원받을 때까지 평생 동안 술주정뱅이였고, 두 아들들 역시 아버지를 닮아 그 나이에 이미 술주정뱅이가 돼 있었다. 그러나 그가 구원받은 후로 다시는 술병에 손을 대지 않았고, 그 이후로 10년 동안 아주 모범적인 그리스도인으로 살다가 예순 살쯤 되었을 때 간 질환으로 세상을 떠났다.

그는 구원받은 뒤 죽을 때까지 두 아들의 구원을 위하여 하루도 빼지 않고 간절히 주님께 기도했지만, 그가 눈을 감을 때까지 두 아들의 구원은 이루어지지 않았다. 그의 아들들은 자신들의 아버지가 지난 10년 동안 얼마나 모범적인 그리스도인으로 살았으며 자신들의 구원을 위해서 얼마나 열심히 기도해 마지않았던가를 잘 알고 있었다. 그들은 아버지가 헛간 모퉁이에 무릎 꿇고 앉아 하루에도 두 번씩 빼놓지 않고 기도하는 광경을 늘 보아온 터였다. 그러나 이제는 그 아버지도 세상을 떠나고 말았으니 이제는 이 세상에서 자신들의 구원을 위해서 기도해

줄 사람이 아무도 없게 되었고, 구원받고 싶어도 이미 때는 늦었다고 생각되었다.

아버지를 묘지에 묻고 무거운 발걸음으로 농장으로 돌아온 두 아들은 유산 문제를 상의하기 위하여 담당 변호사와 함께 이곳저곳 집 주변과 헛간 등, 아버지가 남기고 간 유산들을 둘러보던 중 헛간 모퉁이를 돌아가게 되었다. 바로 그때, 그들의 눈에는 거기 헛간 추녀 밑 맨땅에 움푹 패여 있는 두 개의 작은 구덩이가 내려다보였다. 그 구덩이는 하루에 두 번씩 자신들의 구원을 위해 기도하던 아버지의 꿇어앉은 무릎 자국이었던 것이다. 10년 동안 비가 오나 눈이 오나 한결같이 무릎꿇고 앉아 하루에 두 번씩 기도하던 자리가 아버지의 그 무릎 자국으로 인하여 오랜 연륜과 함께 두 개의 깊은 구덩이로 변해 있었던 것이다. 그것을 물끄러미 내려다보고 있던 큰아들이 갑자기 그 자리에 털썩 앉더니 두 개의 구덩이에 자신의 두 무릎을 정확히 갖다대고 조용히 고개를 떨구고 기도하기 시작하는 것이었다.

"주님, 내가 죄인입니다. 아버지가 나의 구원을 위해 그토록 열심히 기도하셨건만 나는 구원을 거부했습니다. 주님, 나는 지금 이 순간 구원받기를 원합니다. 아버지가 가르쳐 준 대로 주님께서 나의 죄를 위해 돌아가신 것을 내가 이제 믿사오니 나를 구원해 주십시요."

이렇게 해서 큰아들이 구원받게 되었다.

큰아들에 이어 이번에는 작은아들도 똑같이 아버지의 무릎 자국으로 난 두 구덩이에 자신의 두 무릎을 갖다대고 꿇어앉더니 형에 이어 똑같은 방법으로 구원받게 되었다. 주님께서는 클로저 해리엇의 간절한 기도를 그의 생전에는 응답해 주지 않으셨지만, 그가 세상을 떠난 직후 이렇게 기적적인 방법으로 그의 기도에 응답해 주셨던 것이다.

당신이 무엇인가를 하나님께 구할 때, 성경 구절들을 앞세워 그것을 붙잡고 늘어지면서 하나님께서 이렇게 말씀하셨으니 내 기도를 들어달라고 떼를 쓰는 수가 많은데, 이것은 아주 잘하는 것이다. 설사 당신이 내세우는 그 구절이 당신이 마음속으로 생각하고 있는 것과는 교리적으로 어긋날지라도 하나님께서는 당신의 마음을 아시고 그 기도에 응답해 주신다. 어차피 당신은 믿음으로 구하고 있는 것이기에 하나님께서는 당신의 그 믿음을 보시는 것이다. 당신이 어떤 구절의 말씀을 바탕으로 삼든 어쨌든 당신은 그 말씀을 당신 자신의 믿음으로 받아들이고 있는 것이며, 그렇다는 것을 하나님께서는 아신다. 그리고 그러한 믿음을 앞세워 자신에게 다가오는 당신을 하나님께서는 보시는 것이다.

해외 선교를 위해 외지로 떠나던 패트 본은 원주민들의 이교 신앙을 깨뜨리고 그들의 우상숭배를 물리칠 수 있는 선교사가 될 수 있게 해달라고 기도하면서 시편 2장을 붙잡고 늘어졌다. 시편 2장은 예수 그리스도에 대해서 언급하고 있는 장이지, 선교 사역에 대해 언급하고 있는 말씀이 아니기 때문에 교리적으로는 명백하게 헛짚고 있는 것이었지만, 하나님께서는 그의 믿음을 보셨지, 성경 구절에 대한 그의 교리적인 해석 능력을 보시지는 않았을 것이다.

『구하여도 받지 못함은 너희 정욕에다 쓰려고 잘못 구하기 때문이라』(3절).

무엇을 원하면서도 그것을 얻지 못함은 먼저 하나님께 구하지 않기 때문이지만, 구하여도 얻지 못함은 당신 자신의 정욕을 위해 그것을 쓰려고 구하기 때문이라고 이 구절은 말씀한다. 당신이 구했으되, 그것은 잘못 구하는 것이라는 것이다. 구하여도 얻지 못한다면 소용없는 일을 하는 것이니까 잘못일 수밖에 없다. 그러므로 무엇인가를 구하되, 그것을 하나님의 일을 위해서 하나님의 뜻에 합당하게 구해야 하나님께서 그 요구를 들어주신다는 것이다. 자신의 정욕을 위하는 것은 세상과 친구가 되고자 하는 것이고, 세상과 친구가 되고자 하는 것은 곧 하나님과 원수가 되고자 하는 것이다. 그러니 어찌 하나님께서 들어주시기를 바랄 수 있겠는가? 이것이 바로 다음 4절에서 말씀하는 바다.

4:4 **너희 간음하는 남자들과 간음하는 여자들아, 세상과 친구 되는 것이** 하나님**과 원수 되는 것임을 알지 못하느냐? 그러므로 누구든지 세상의 친구가 되고자 하는 자는** 하나님**의 원수가 되느니라.**

5 **너희는 성경이 "우리 안에 거하는 영이 시기할 만큼 갈망한다."라고 말씀하는 것이 헛되다고 생각하느냐?**

6 **그러나 그가 더 많은 은혜를 주시느니라. 그러므로 그가 말씀하시기를** "하나님**께서는 교만한 자들을 대적하시고 겸손한 자들에게 은혜를 주신다."고 하셨느니라.**

7 **그러므로** 하나님**께 복종하라. 마귀를 대적하라. 그리하면 그가 너희로부터 도망하리라.**

『**너희 간음하는 남자들과 간음하는 여자들아, 세상과 친구 되는 것이** 하나님**과 원수 되는 것임을 알지 못하느냐? 그러므로 누구든지 세상의 친구가 되고자 하는 자는** 하나님**의 원수가 되느니라**』(4절).

이 구절의 『**간음**』을 영적 간음으로 보는 경향이 있지만, 본문 1,2절의 『**살인**』이 문자 그대로의 살인이듯 4절의 『**간음**』 또한 문자 그대로의 간음이다. 그들은 실제적으로 간음을 범하는 남자들과 여자들이다. 뿐만 아니라 세상과 『**친구 되는 것**』(friendship)과 세상의 『**친구**』(friend)를 "영적 간음"과 동의어로 보는 경향이 있는데 이 또한 그렇지 않다. 그것은 하나님의 『**원수**』와 관련된 실제적인 예를 보여 주는 표현이다. 물론 문자적인 간음이 영적인 결함을 보여 주는 좋은 “유형”이 될 수도 있지만(겔 16,23장, 호 1,2장), 문자적인 간음과 영적인 결함은 결코 동의어가 될 수 없다. 세상의 『**친구 되는 것**』과 세상의 『**친구**』는 영적 간음이 아니라 하나님의 『**원수**』를 다르게 표현한 것일 뿐이다.

[참고로, 『**간음**』은 대환란 때 경배 의식의 일부분이다(계 2:22). 야고보의 『**열두 지파**』에서 나온 144,000명이 “문자적인” 『**동정들**』(virgins, 계 14:4)인 이유는 바로 그 때문이다(계 14:4). 그들은 “문자적인” 간음과 “문자적인” 음행을 피한 것이다.]

당신이 세상과 친하게 지내면서 하나님과도 친하게 지낸다는 것은 불가능하다. 요즘 미국에서는 이 구절을 본문으로 삼아 설교하는 사람을 거의 찾아볼 수가 없게 되었다. 하지만, 현 시대에 참으로 위대한 설교자가 한 사람 있어 그가 설교하면서 가장 많이 인용하는 구절들을 꼽는다면, 그 첫째가 바로 이 구절이겠고, 두 번째가 누가복음 16:15이 될 것이다. 『**주께서 그들에게 말씀하시기를 “너희는 사람들 앞에서 스스로 의롭다고 하는 자들이지만** 하나님**께서는 너희의 마음을 아시느니라. 이는 사람들 가운데서 크게 높임을 받는 것이** 하나님 **보시기에는 가증스러움이니라.”고 하시더라.**』

이 시대의 사역은 말씀을 들고 세상 사람들에게 담대하게 다가가는 데서 그 존재 근거를 찾아야 하겠기에 『**세상과 친구 되는 것이** 하나님**과 원수 되는 것임을 알지 못하느냐?**』고 외칠 수 있어야 할 뿐더러 현대인들이야말로 『**건전한 교리를 견디지 못하고, 그들 자신의 정욕에 따라 가려운 귀를 즐겁게 해줄 선생들을**』(딤후 4:3) 좋아하기 때문에 더욱더 『**누구든지 세상의 친구가 되고자 하는 자는** 하나님**의 원수가 되느**

니라.』고 외쳐야만 한다. 하지만, 현대인들이란 무엇이건 "부정적으로" 말하는 것을 참고 견디지 못하고 "부정적인" 이야기라면 어떻게든 귀를 틀어막고 도무지 들으려고 하지 않기 때문에 설교자들도 세상 풍조에 따라 이들의 그러한 성향과 야합하기에 이르렀다.

아무 것이라도 좋으니 요즘 신문들 하나를 집어 아무 데나 한 면을 펼치고 한번 읽어 보라. 당신은 더도 말고 신문 한 면에서만 『**사람들 가운데서 크게 높임을 받는 것**』에 대한 이야기들, 그래서 『하나님 **보시기에는 가증스러움**』에 속하는 이야기들 열 가지를 뽑아내는 데에 채 1분도 걸리지 않을 것이다. 높은 빌딩을 가진 사람 이야기, 돈을 많이 버는 사람 이야기, 섹스를 즐기며 사는 사람들 이야기, 대중의 인기를 한 몸에 받고 있는 스타들 이야기, 외로운 사람들 찾아간 이야기, TV 프로그램, 종교의 벽을 허물고 친구 사귀기, 더 살기 좋은 세상 만들기 등등, 다 이런 따위 이야기들뿐이다. 복음을 전해야 할 사람들 역시 한다는 소리가 어떤가?

"외로우신가요? 즐거운 우리 교회로 오세요."

이게 전도자들의 메시지다. 교회가 무슨 놀이터라도 되는 것으로 여기는가 보다. 성령 운동을 한다는 사람들이나 은사주의자들의 교회를 10년 동안 다녀도 목사가 『**누구든지 세상의 친구가 되고자 하는 자는** 하나님**의 원수가 되느니라.**』는 성경 구절을 인용하면서 설교하는 것을 들어보기는 힘들다. 아주 드물기는 하지만, 뱁 버스처럼 『**세상의 친구가 되고자 하는 자는** 하나님**의 원수가 되느니라.**』고 설교하는 은사주의 목사들도 간혹 있기는 하지만, 대부분의 은사주의자들은 교회를 세상에 대하여 친구처럼 우호적인 곳으로 보이게 만들어 놓고는 "사랑이 넘치는 우리 교회로 오세요." 하고 사람들을 끌어들이기를 아주 좋아한다. "친구와 친구들이 한 자리에 모였으니 우정이 넘치는 교회랍니다.

당신도 우리 교회에 와서 우리 서로 친구가 되는 법을 배우세요." 하고 그들은 사람들을 끌어들이는 것이다. 이 말을 뒤집어 말하면, 무슨 말인지 아는가? "세상과 친구가 된 우리 교회로 와서 당신도 하나님과 원수가 되십시오."라는 뜻이나.

만약 당신이 하나님과 원수 되기를 원치 않는다면, 그리하여 당신이 하나님의 친구로 지내고 있다면, 세상은 당신에 대하여 원수가 아니고 무엇이겠는가? 당신은 절대로 하나님과 세상 둘 다에 대하여 친구가 될 수가 없다. 당신은 어느 한쪽과 친구가 되면 다른 한 쪽과는 필연적으로 원수가 될 수밖에 없다는 것이 성경의 가르침이다. 이것은 예수 그리스도께서도 친히 말씀하신 바였다.

요한복음 15장을 보라. 『**세상이 너희를 미워하면 그것은 너희를 미워하기 이전에 나를 미워한 것임을 알라. 만일 너희가 세상에 속한다면 세상은 자기 사람들을 사랑할 것이라. 그러나 너희는 세상에 속한 자가 아니요 내가 너희를 세상으로부터 선택하였느니라. 이로 인하여 세상이 너희를 미워하느니라**』(요 15:18,19).

따라서 하나님을 섬기는 자들이 모인 교회라는 데가 세상에 대하여 우호 관계를 표방하면서 세상과 손을 잡으려고 한다면, 그런 자들이야말로 참된 그리스도인들을 죽이는 자들이 되는 때가 오리라고 주님께서는 경고하셨다. 『**내가 너희에게 이런 일들을 말함은 너희로 실족하지 않게 하려 함이라. 그들이 너희를 회당에서 출회할 것이라. 참으로 그 때가 오면 너희를 죽이는 자는 누구든지 하나님을 섬기노라고 생각하리라**』(요 16:1,2).

당신이 하나님과 친구가 되면, 세상과 원수가 되려고 일부러 마음먹지는 않았다 할지라도 당신은 자연스레 세상의 원수가 되기 마련이다. 이렇게 되면 당신은 세상에서 많은 문제에 봉착하게 될 것이다. 심지어는 하나님의 친구인 까닭에 당신은 직장에서 쫓겨나기까지 하는 불이익을 당할 수도 있다. 그래도 참된 그리스도인이라면 이런 것이 두려워 세상과 친하게 지내려고 애쓸 생각을 하지 않는다. 당신이 정말로 하나님의 친구라면, 구원받지 못한 세상 사람들과의 교분을 도무지 즐길 수가 없는 것이다.

당신이 그리스도인이면서 세상 사람들과 가까이 지내고 그들과 우정을 나누며 친구로 삼으려고 할 때, 그들이 당신에게 나타내는 반응이 무엇인지 아는가? "비열한 놈!" 이것이다.

주님께서 당신을 깨끗하게 하시고 깨끗한 사람으로 상대해 주시는데도 그러한 당신더러 그들은 더럽고 비열하다는 것이다. 세상 사람들이 당신을 받아들일 때에는 한 가지 조건이 붙는데, 그것은 당신이 그들의 요구에 응하라는 것이다. 그들이 당신을 받아주면서 요구하는 것이 무엇인지 아는가? 세상에 순응하여 세상과 같이 되라는 것, 이것이다. 당신이 그들과 가깝게 지내려면 그들에게 순응해야 한다. 그들에게 순응하면 당신과 그들 사이에는 다른 점이 사라지고 만다. 세상 사람들은 당신에게 이렇게 될 것을 요구하는 것이다. 그들은 구원과 저주가 명백하게 구분되어 있는 것을 보고 싶어하지 않는다. 그래서 당신이 그들의 요구에 부응하여 그들과 똑같은 모습이 될 때 그들은 비로소 당신을 받아준다. 그러나 그 순간 당신은 하나님의 원수가 되고 만다.

성경은 아브라함이 하나님의 친구였다고 말씀한다. 이 사람은 아브라함처럼 자기도 하나님의 친구로 남아 있기를 원했던 것이다. 하지만 세상일들이란 게 모두가 그 자체로 불순하고 더러운 것은 아니다. 그렇다고 해서 세상일들 그 자체는 모두 순수하고 깨끗하냐 하면, 그것도 아니다. 문제는 인간의 양심이다. 음식을 먹을 때 손을 씻고 먹는다고 해서 반드시 깨끗한 것이 아니요, 손을 씻지 않고 먹는다고 해서 언제나 더러운 것도 아니다. 이 세상 우상들에게 바친 제물이라고 해도 그 제물 자체가 더러운 것은 아니라는 것이 성경의 관점이다. 우상에게 바쳤던 제물 자체가 더러울 수 없는 것은 그 우상들 자체가 세상에서 아무것도 아니기 때문이라고 성경은 그 이유를 밝힌다(고전 8:4). 성경은 또 『**악인의 희생제는 주께 가증한 것이나, 정직한 자의 기도는 그의 기쁨이니라.**』(잠 15:8)라고도 말씀한다. 요컨대, 희생제 자체가 하나님께 기쁨이 되거나 반대로 가증한 것이 되는 게 아니라는 말씀이다. 문제는 그 희생제를 드리는 사람이 누구냐에 있는 것이다. 희생제를 드리되, 그것을 드리는 사람이 누구냐에 따라 그 희생제가 하나님께 기쁨이 되기도 하고 가증한 것이 되기도 한다는 것이다. 우상에게 바쳐진 제물이라 할지라도 우상이 아무것도 아니라는 것을 당신이 알고 있다면 당신은 얼마든지 그 제물을 거리낌 없이 먹어도 문제가 되지 않는다. 그러나 우상에게 바친 제물이라고 먹기를 거리끼고 있는 형제가 옆에 있다면, 그 형제를 자칫 실족시킬 위험이 있다고 판단될 때, 그것을 먹지 말라는 것이 또 성경의 가르침이다.

『**음식 때문에 하나님의 일을 망치지 말라. 사실은 모든 것이 깨끗하지만 남을 실족케 하며 먹는 그 사람에게는 그것이 악이니라**』(롬 14:20).

그러니까, 당신은 상황에 따라 적절히 대응할 준비만 갖추고 있으면 된다. 이것은 양심의 문제이다. 이에 대한 바울의 가르침을 보자.

『**그러나 이 지식은 사람마다 있는 것이 아니기에 어떤 사람들은 우상에게 바쳐진 것으로 알고 지금까지 우상에 대한 양심을 가지고 먹으므로 그들의 약한 양심이 더러워졌느니라. 그러나 음식은 우리를 하나님 앞에 내세우지 못하나니 우리가 먹는다고 해서 더 나아질 것도 없고, 먹지 아니한다고 해서 더 나빠질 것도 없느니라. 그런즉 너희의 이**

러한 자유가 어떻게 해서든지 약한 사람들에게 거치는 것이 되지 않도록 유의하라』(고전 8:7-9).

그 음식을 먹음으로써 옆에 있는 사람을 세워 주지 못하게 된다면 먹지 않으면 되는 것이고, 그렇지 않다면 먹어도 된다. 그리스도인들이 무슨 일을 어떻게 하든지 그것으로 하나님의 일을 그르치지 않도록 주의하는 게 잘하는 일이다. 우상이 아무것도 아니니까 우상에게 바쳤던 음식도 아무것도 아닌즉, 누가 뭐라고 하건 거리낌 없이 그것을 먹음으로써 옆에 있는 형제를 세워주지 못한다면, 이것은 하나님의 일을 그르치는 결과가 되어 결코 바람직하지 않은 행동이다.

경우에 따라서는 그리스도인이라는 명분으로 하나님의 일을 한답시고 지나치게 행동함으로써 결과적으로 하나님의 일을 그르치는 수가 흔히 있는데, 이것도 결코 바람직하지 않기는 마찬가지이다. 하지만 당신이 지나치게 행동하더라도 오히려 그것이 적절한 상황이라면, 다시 말해 그것이 하나님의 일을 오히려 도모하는 상황이라면, 주저하지 말고 그대로 밀고 나가라. 당신이 어떻게 행동해야 마땅한가는 누구보다도 당신 스스로가 더 잘 안다. 문제는 당신이 어떻게 행동하더라도 그것이 하나님의 일을 수행하는 데 얼마나 효율적인가를 잘 판단하고 있느냐에 있다.

당신이 만약 내 성질을 닮았다면, 당신은 무슨 일이나 좀 지나치게 행동하기 쉬운 성향을 띤 사람이므로 주의해야 한다. 나는 내 성질을 잘 안다. 나는 타협하지 않으려는 성향이 지나치게 강한 게 문제다. 그리고 나는 무슨 일에 일단 손을 대면 너무 멀리까지 내닫는 성향이 있어 탈이다. 이런 내 성질을 나 스스로가 잘 알기 때문에 내가 어떻게 행동해야 하는가를 나는 잘 알고 있다. 그래서 나는 어떤 상황에 부딪히더라도 먼저 깊이 생각해 보고 행동한다. "가만, 좀 진정하라고! 이봐,

자네 지금 너무 지나친 거 아냐? 잠깐 멈춰 봐. 아무래도 지나칠 위험이 있으니 조심해야겠어. 그래, 속도를 좀 늦추게. 옳지, 조금만 더. 그래, 좋아, 성질을 누그러뜨리고, 천천히, 천천히…”

이런 식으로 나는 매사에 나 자신을 돌아보면서 행동하려고 노력한다. 언젠가 한번은 어떤 젊은 형제가 입원해 있는 병원에 문병 갔다가 카톨릭 신자인 그의 어머니를 만나게 되었는데, 그녀는 내게 이렇게 말하는 것이었다. “내가 신앙생활을 게을리 해서 이 아이가 병이 든 거라고 생각해요. 앞으로는 성당 미사에도 열심히 나가고 성사에도 빠지지 않고 참여할 작정입니다.”

이런 그녀의 말에 나는 속이 부글부글 끓어올랐지만 꾹 참고 이렇게만 말했다. “당신의 아들이 훌륭한 그리스도인이 된 것에 대해 하나님께 감사하십시오.”

이런 나를 곁에서 지켜보았던 일행이 병원에서 돌아오는 길에 나더러 카톨릭 신자와 타협하려는 거냐고 빈정대듯 물었다. “입 닥치게. 타협이라니? 어림도 없는 소리!”

나는 그 다음 일요일이 되기 직전 토요일에 그 부인을 만나 카톨릭을 믿다가는 지옥에 간다고 타일러 주었고, 그녀는 내가 전한 복음을 듣고 구원을 받게 되었다. 내가 그녀를 병실에서 만났을 때 그 자리에서 당장 복음을 전하지 않았던 것은 주님께서 그녀로 하여금 구원받을 수 있도록 좀 더 효율적인 기회를 만들어 주시기를 바랐기 때문이었다.

“그대가 바른 길을 걸어가고 있는 한, 그 길에 다른 누가 또 있다고 해서 당신이 그와 타협한 것은 결코 아니다.”

밥 존스 1세는 늘 이렇게 말했다. 정말 옳은 말이다. 당신이 다른 사람과 함께 있어 그 사람의 눈치를 보느라고 한 걸음이라도 옳지 않은 걸음을 옮겼다면, 그게 바로 타협한 것이다. 누가 따라오거나 말거나 옳은 길만 가고 있다면 당신은 결코 다른 사람과 타협한 게 아니다. 타협은 옳지 못한 길로 가는 것이다. 예를 들면, 카톨릭 신자들이 모인 자리에 나가 그들이 카톨릭 "성인들"과 마리아 상에게 기도할 때, 당신도 덩달아 머리를 숙이고 그에 응한다면 이게 바로 타협한 것이다. 하지만 가령, 단지 그들이 당신에게 무엇인가를 건네주기만 했고, 건네주기에 그것을 받았다고 해서 그것만으로 타협했다고 말할 수는 없다. 나 같으면 "고맙소." 하고 받아 넣은 뒤 나중에 쓸데없는 것이라고 판단되면 그것을 아궁이에 던져 넣는다.

중요한 것은 당신이 여하한 상황에서도 주님의 편에서 떠나지 않는다는 것이다. 이를테면, 당신이 다른 사람의 차를 얻어 타고 가고 있는데 차 주인이 라디오를 틀고 시끄러운 록음악에 장단 맞추며 즐긴다고 할 때, 그게 못마땅하다고 해서 당신이 라디오 스위치를 탁 꺼 버릴 수야 없지 않은가? 당신도 덩달아서 장단을 맞추지만 않는다면 그것으로 족하다. 그렇다고 당신이 그 사람과 타협한 것은 결코 아니니까 말이다.

『**너희는 성경이 "우리 안에 거하는 영이 시기할 만큼 갈망한다."라고 말씀하는 것이 헛되다고 생각하느냐**?』(5절)

여기에서 언급하는 『**영**』(spirit)은 배교한 학자들이 생각하듯이 요한복음 14:17과 에베소서 4:30, 로마서 8:15,16의 내주하시는 "성령"이 아니다. 오순절 은사주의자들은 고린도전서 14:2의 『**영**』(spirit)을 이와 동일하게 "성령"이라고 주장하지만, 두 경우 모두 고린도전서 2:11,12; 14:14(방언)에서와 같이 "사람"의 『**영**』을 언급하고 있다.

성경은 그 『**영**』이 『**시기할 만큼 갈망한다**[lusteth to envy].』고 말씀한다. 즉 본문의 『**영**』은 "시기하고"(envy) "갈망하는"(lust) 영이다. 야고보서 1:14,15은 5절의 『**갈망한다**』(lusteth)가 죄와 사망을 낳는 『**욕**

심』(lust)과 관련 있음을 보여 준다. **『그러나 누구든지 자신의 욕심** [lust]**에 끌려 유혹을 받을 때 시험을 당하는 것이니 그러므로 욕심** [lust]**이 잉태하면 죄를 낳고, 죄가 장성하면 사망을 낳느니라』**(약 1:14,15). 또한 본문 5절에서 열 구절도 채 떨어져 있지 않은 3:16에서는 "시기"를 혼란과 악함에 연결시키고 있다. **『이는 시기**[envying]**와 다툼이 있는 곳에는 혼란과 온갖 악한 일이 있기 때문이라』**(약 3:16). 이보다 앞선 3:14,15에서는 이 **『독한 시기』**(3:14)가 **『위로부터 내려오는 것이 아니라 땅에 속한 것이요, 정욕적이며 마귀적인 것』**(3:15)이라고 말씀한다. 따라서 본문 5절의 **『시기』**는 결코 성령께서 품으실 수 없는 악한 시기인 것이다(출 20:5; 34:14 참조).

5절과 같은 문맥인 1절에서는 인간의 육신적인 **『정욕들』**(lusts)을 다루고, 바로 다음 절에서는 **『너희가 갈망하여도**[lust]**』**(2절)라고 말씀한다. 여기에서 **『너희』**가 누구인가? 성령이신가? 그렇지 않다. 그것은 "사람"이다. 그러므로 야고보서 4:5의 시기할 만큼 갈망하는 **『영』**은 "성령"이 아니라 사람 자신의 **『영』**이다. 자신의 정욕을 채우기 위해 세상을 시기할 정도로 갈망하는(약 4:2-4) 영을 소유한 사람들에게 주시는 경고의 말씀인 것이다.

『그러나 그가 더 많은 은혜를 주시느니라. 그러므로 그가 말씀하시기를 "하나님**께서는 교만한 자들을 대적하시고 겸손한 자들에게 은혜를 주신다.**"**고 하셨느니라』**(6절).

여기서 **『그』**는 『하나님』이시다. 하나님께서는 "스스로 겸손하게 되고"(10절), 또 "시기할 만큼 갈망하는"(5절) 대신 "하나님께 복종하여"(7절) "마귀를 대적하는"(7절) 사람에게 은혜를 주신다.

예수 그리스도께서 "자신을 낮추시기"(빌 2:8) 오래 전, 그분의 아버지께서 우리를 보살피시기 위해 스스로를 낮추셔야 했다(시 113:6). 아버지께서는 사람들이 그분의 말씀을 배워서 복을 얻게 하시려고 그들을 겸손하게 하신다. 『**거만한**』 자들(사 2:11)과 『**용사**』(사 5:15)와 『**오만한**』 자들(사 10:33)이 겸손해질 것이다. 시몬 베드로는 동료 어부인 세베대의 아들 야고보에게 동의한다. 『**그러므로 하나님의 능하신 손 아래서 겸손하라. 때가 되면 그분께서 너희를 높이시리라**』(벧전 5:6). "발부리가 걸려 비틀대기 전에 스스로 겸손해지는 것이 더 낫다." 『**교만은 멸망에 앞서 있으며 거만한 영은 몰락에 앞서 있느니라**』(잠 16:18).

『"하나님**께서는 교만한 자들을 대적하시고 겸손한 자들에게 은혜를 주신다.**"』는 말씀은 잠언 3:34을 인용한 것이다. 이 말씀은 비단 그리스도인들뿐만 아니라 이 세상 누구에게나 해당되는 진리이다. 겸손한 사람은 다른 사람들에게 이것저것 양보하기 때문에 손해만 볼 것 같지만, 사실은 하나님께서 은혜로 보상해 주시기 때문에 얻는 것이 훨씬 더 많다.

『**그러므로** 하나님**께 복종하라. 마귀를 대적하라. 그리하면 그가 너희로부터 도망하리라**』(7절).

이 구절은 반드시 암송해 두어야 할 귀한 말씀이다. 『**마귀를 대적하라.**』 마귀는 당신이 『**대적**』해야만 당신에게서 도망친다.

"대적한다."(resist)는 말은 일종의 군사 용어로서 "싸우기 위해 일어난다."는 뜻으로 방어적이라기보다 지극히 공격적인 의미를 내포한 말이다. 따라서 『**마귀를 대적하라.**』는 말씀에서 당신이 마귀에 대해 어떤 자세를 취해야 하는가를 능히 짐작하고도 남을 것이다. 당신이 마귀에 대해서 공격적인 자세가 아니라 방어적 · 수세적인 자세를 취하여 뒤로 한 발짝 물러섰다가는 단박에 마귀에게 당하고 만다는 것이 성경의 경고임을 잊지 말라. 마귀는 『**울부짖는 사자처럼 삼킬 자를 찾아 두루 다니기 때문**』에(벧전 5:8) 우리는 그런 마귀에 대하여 도저히 수세적인 입장만 취하고 있을 여유가 없다. 그래서 바울은 『**주 안에서와 그의 힘의 능력 안에서 강건하라.**』(엡 6:10)고 충고한다.

2차 대전 중 프랑스의 한 감옥 독방에 갇힌 채 5,6년 동안 고통스럽고 고독한 싸움을 계속하던 한 죄수가 병이 들어 거의 죽어가고 있는 상태로 출감하게 되었다. 다음 죄수가 그 감방에 들어와 보니 날카로운 돌멩이로 벽에 긁어 쓴 단어가 하나 눈에 띄었다. 그것은 "대적하라!"(Resist!)는 단어였다. 그가 병이 들었음에도 불구하고 끝내 죽지 않고 살아서 출감하게 된 생명력이 "대적하라!"고 스스로 다짐한 데서 나왔던 것이다.

4:8 하나님께 **가까이 다가가라. 그리하면 그분께서도 너희에게 가까이**
다가가시리라. 너희 죄인들아, 손을 깨끗이 하라. 너희 두 마음을
품은 자들아, 마음을 정결케 하라.
9 **괴로워하고, 애통하며 울라. 너희 웃음을 슬픔으로, 너희 기쁨을**
근심으로 바꾸라.
10 주의 **목전에서 겸손하라. 그리하면 주께서 너희를 높이실 것이라.**
11 **형제들아, 서로 비방하지 말라. 자기 형제를 비방하는 자나 판단**
하는 자는 율법을 비방하고 율법을 판단하는 것이라. 만일 네가 율
법을 판단하면 율법을 행하는 자가 아니라 재판관이로다.
12 **입법자는 한 분이시니, 그는 구원하실 수도 멸망시키실 수도 있느**
니라. 네가 누구기에 남을 판단하느냐?

『하나님께 **가까이 다가가라. 그리하면 그분께서도 너희에게 가까이 다가가시리라. 너희 죄인들아, 손을 깨끗이 하라. 너희 두 마음을 품은 자들아, 마음을 정결케 하라**』(8절).

이 말씀에서 우리는 구약적인 냄새를 맡는다. 아닌 게 아니라 이 말씀은 교리적으로는 그리스도인들에게 해당되지 않는다. 당신이 그리스도인이라면 당신은 하나님께 가까이 다가갈 수도 없고, 그분께서 당신에게 가까이 다가오실 수도 없다. 그분께서는 이미 당신 안에 들어와 계시기 때문이다.

그렇기는 하지만, 우리 안에 들어와 사시는 그분께로 우리의 마음을 집중한다는 뜻에서 영적으로는 그리스도인들에게도 얼마든지 적용해 말할 수는 있다. 하지만 교리적으로는 주님의 영이 성도들 안에 들어와 계시기 때문에 우리가 그분이 계신 곳으로 가까이 가기 위해 걸어갈 필요도 없고 그분께서 당신이 있는 곳으로 걸어오실 필요도 없다. 『**그러나 한때 멀리 있었던 너희가 이제** 그리스도 예수 **안에서** 그리스도**의 피로 가까워졌느니라.**』(엡 2:13)고 성경은 말씀한다. 우리 그리스도인들은 이미 지성소 안으로 들어가 지금 그분과 함께 앉아 있는 중이다. 우리는 영적으로는 이미 그분께서 계신 천상에 올라가 있고, 그분께서는 우리가 있는 이곳으로 내려와 우리와 함께 계시는지라, 우리가 그분과 아무리 더 가까이 있으려 해도 더 가까이 있을 수가 없다.

『**너희 죄인들아, 손을 깨끗이 하라.**』

야고보는 『**죄인들**』이라는 말을 유대인들이 일반적으로 사용하는 의미로 사용하고 있다는 것을 유의하라.

『**“만일 이분이 선지자라면 자기를 만지는 여인이 누구이며 어떤 여인인가를 알았으리라. 이는 그 여인이 죄인이기 때문이라.**”』(눅 7:39)는 구절이라든가, 『**이제 우리가 아는 것은 하나님께서는 죄인들을 듣지 않으시나**』(요 9:31) 같은 구절들에서 보듯이 야고보는 유대인들과 동일한 시각으로 『**죄인들**』을 보고 있는 것이다. 따라서 여기서 언급되는 『**죄인들**』이란 "아주 나쁜 사람들"을 두고 하는 말이지, 신약적인 의미에서 구원받지 못한 사람들을 두고 하는 말이 아니다.

『**너희 죄인들아, 손을 깨끗이 하라. 너희 두 마음을 품은 자들아, 마음을 정결케 하라.**』 야고보는 "나쁜 사람들"을 향하여 설교를 시작한다.

『**괴로워하고, 애통하며 울라. 너희 웃음을 슬픔으로, 너희 기쁨을 근심으로 바꾸라**』(9절).

『**괴로워하고**』. 병을 앓거나 정신적인 고뇌에 빠지라는 얘기가 아니다. 이것은 자신의 몸을 낮추고 자신을 억누르라는 뜻이다. 다시 말해서, 자기 자신을 긍정하지 말고 부정하라는 것이다.

『**애통하며 울라.**』 역시 자기 부정을 역설하는 말씀이다.

『**너희 웃음을 슬픔으로, 너희 기쁨을 근심으로 바꾸라.**』 역시 철저한 자기 부정이 듬뿍 배어 있다. 이것은 『**애통하는 자들은 복이 있나니, 그들이 위로를 받을 것임이요,**』(마 5:4)라는 주님의 말씀과 똑같은 맥락이다. 또 『**지금 웃는 너희에게 화 있으리라! 이는 너희가 애통하며 울 것임이라.**』(눅 6:25)는 주님의 말씀과도 맥을 같이 하는 말씀이다.

『**괴로워하고, 애통하며 울라. 너희 웃음을 슬픔으로, 너희 기쁨을 근심으로 바꾸라**』(9절).

9절의 『**애통하며**』(mourn)와 『**슬픔**』(mourning)은 본문이 "대환란" 구절임을 보여 준다. 『**그러면 그들은 그들이 찔렀던 나를 쳐다볼 것이며, 그들이 그를 위하여 애통하리니, 마치 어떤 사람이 자기 외아들을**

위하여 애통함같이 할 것이요』(슥 12:10). 『**그 날에... 큰 애통이 있으리니, 마치 므깃도 골짜기 하닷림몬의 애통과 같으리라**』(슥 12:11, 아마겟돈, 계 16:16). 『**땅이 애통하리니... 다윗... 나단... 레위... 시므이**』(슥 12:12,13).

웃음이 『**슬픔**』(mourning, 9절)으로 바뀌는 것에 주목하라. 『**애통하는**[mourn] **자들은 복이 있나니, 그들이 위로를 받을 것임이요**』(마 5:4). 『**마음이 순결한**[pure] **자들은 복이 있나니... 마음을 정결케 하라** [purify]』(마 5:8, 약 4:8). 『**그들이 하나님을 볼 것임이요... 죄를 짓는 자는 누구나 그분을 보지 못하였으며**』(마 5:8, 요일 3:6). 거룩함이 없이는 (『**너희 죄인들아, 손을 깨끗이 하라.**』) 『**아무도 주를 보지**[see] **못하리라**』(히 12:14). 『**자기를 바라는**[look for] **자들을 구원에 이르게 하시려고 죄 없이 나타나시리라**[appear]』(히 9:28).

『**주의 목전에서 겸손하라. 그리하면 주께서 너희를 높이실 것이라**』(10절).

이 구절 또한 모든 그리스도인들에게 위대한 가르침이 되는 말씀이다.

『**주의 목전에서 겸손하라.**』

당신은 혹시 하나님께 기도하면서 당신으로 하여금 겸손하게 해달라고 기도하지는 않는가? 나는 당신이 그렇지 않기를 바란다. 겸손해지는 것은 당신이 스스로 알아서 할 일이다. 주님께서 『**겸손하라.**』고 명하셨으면, 그 명령대로 당신은 스스로 겸손해져야 한다. 당신 자신을 겸손하게 만들어 달라고 주님께 기도하지 말고 당신 스스로가 알아서 겸손해지란 말이다. 내 말은, 주님께서 당신을 겸손해지도록 만드시기 전에 당신이 먼저 스스로 알아서 겸손해지는 게 한결 현명하고 잘 하는 일이라는 얘기다. 만약 하나님께서 정말로 당신을 겸손하게 만드시기 위해 팔을 걷기라도 하시는 날에는 당신은 뜨거운 프라이팬 위에서 지글지글 익어 가는 팬케이크 신세를 면치 못할 게 너무나 뻔히니까 하는 말이다. 하기야, 하나님께서 당신을 겸손하게 만드시기로 말한다면, 당신 스스로가 노력하는 것보다야 비교도 안될 만큼 철저하게 해치우시고 아주 확실한 결과가 나오도록 처리하실 테지만, 아마도 하나님께서 하도 지독하게 후려치시는 바람에 당신은 단 한 방에 넉다운 된 채 다시는 그 자리에서 일어나지 못할지도 모른다. 그렇기 때문에 당신은 이런 기도를 드리지 않도록 아주 조심해야 된다. 행여라도 주님의 주먹이 당신의 턱을 향해 날아온다면, 그럴 때 당신이 할 수 있는 가장 최선의 방책이 무엇이라고 생각하는가? 내가 한 수 가르쳐 주겠다. 권투선수처럼 몸을 잔뜩 낮추고 날아오는 주먹을 슬쩍 피하는 게 가장 잘하는 것이다.

『주의 목전에서 겸손하라. 그리하면 주께서 너희를 높이실 것이라.』

잠언 16:18은 이렇게 가르치고 있다.

『교만은 멸망에 앞서 있으며 거만한 영은 몰락에 앞서 있느니라.』

주님께서도 이렇게 가르치셨다.

『누구든지 자신을 높이는 자는 낮아질 것이요, 자신을 낮추는 자는 높아지리라』(마 23:12).

『형제들아, 서로 비방하지 말라. 자기 형제를 비방하는 자나 판단하는 자는 율법을 비방하고 율법을 판단하는 것이라. 만일 네가 율법을 판단하면 율법을 행하는 자가 아니라 재판관이로다』(11절).

비방하고 판단하는 것은 재판관석에 앉아 있는 재판관이나 하는 일이다. 당신이 율법 위에 올라서면 누가 그 율법을 지키고 누가 지키지 않는지를 내려다보고 심판할 수 있어야 한다. 그러자면 먼저 당신 자신부터 돌아다보아야 하는 입장에 놓이게 된다. 이것은 마치 가시 방석에 앉아 있는 것과도 같다. 따라서 당신이 『**재판관**』이 된다는 것은 당신 자신에게 불리하면 불리했지 이로울 게 하나도 없다. 『**네가... 재판관이로다.**』라는 말씀은 "그래, 가시방석에 앉아 있자니 얼마나 괴로운가?" 하고 빈정대는 말이다.

『**입법자는 한 분이시니, 그는 구원하실 수도 멸망시키실 수도 있느니라. 네가 누구기에 남을 판단하느냐?**』(12절)

야고보는 지금 구약의 우산 밑에 들어가 있다는 사실을 잊지 말라. 그는 지금 이스라엘 열두 지파에게 말하고 있는 것이다. 따라서 여기서 언급하는 "법"이란 유대인의 율법을 말한다. 바울은 『**그런즉 우리가 더 이상 서로를 판단하지 말고 도리어 형제들 앞에 거치는 것이나 방해물을 놓지 아니하였는지 판단해야 하리라.**』(롬 14:13)고 충고한다. 그는 또 『**남의 종을 판단하는 너는 누구냐? 그가 서거나 넘어지는 것이 자기 주인에게 있느니라.**』(롬 14:4)고 말한다. 그리스도 안에 있는 형제 자매들을 보고 그들이 옳은 일을 하는지, 그릇된 일을 하는지를 당신은 판단할 수 있다. 당신이 사람을 판단해서는 안 되지만, 사람이 행하는 일의 옳고 그름이라면 모든 것을 충분히 판단할 수 있는 영적 재판관이다. 당신은 성경적 사실을 다루는 사람이기 때문에 그 사실에 비추어서 잘못을 잘못이라고 지적할 수는 있다. 이것은 성경 어느 어느 구절에 맞지 않는다, 저것은 성경 어떤 구절과 다르다, 그것은 성경 여기, 여기, 저기, 또 저기에 배치된다는 식으로는 얼마든지 잘못된 것을 지적할 수가 있다. 당신이 확고한 성경 말씀들을 갖고 있고, 그 말씀들에 철저하게 근거하고 있는 한, 어떤 일들이 그 성경 말씀들과 어긋날 경우에는 단호하고도 확고하게 옳고 그름에 대한 당신 자신의 견해를 밝힐 수가 있다. 그렇지만, 그렇다고 해서, 그리스도 안에 있는 형제 자매들을 두고 누구누구는 어찌어찌 했으므로 어찌어찌 될 것이다 하는 식으로 그 사람 자체를 판단해서는 안 되는 것이다.

4:13 이제 오라. "오늘이나 내일 우리가 어느 성읍으로 가서 거기서 일 년 쯤 지내며, 사고 팔아 수익을 올리리라." 하는 자들이여
14 너희가 내일 일어날 일을 알지 못하나니 너희 생명이 무엇이냐? 잠깐 보이다가 사라지는 안개니라.
15 오히려 너희가 "주께서 원하시면 우리가 살겠고, 또 이것이나 저것을 할 수 있으리라."고 말해야 할 터인데
16 이제 너희가 너희의 자만 가운데 기뻐하고 있으니 그러한 기쁨은 다 악하니라.
17 그러므로 선을 행할 줄 알면서도 행치 아니하는 자에게는 그것이 그 사람에게 죄가 되느니라.

『**이제 오라. "오늘이나 내일 우리가 어느 성읍으로 가서 거기서 일 년 쯤 지내며, 사고 팔아 수익을 올리리라." 하는 자들이여**』(13절).

너나 할 것 없이 우리들은 누구나 오늘은 어디에 가서 무엇을 하고 내일은 또 어디에 가서 무엇을 해야겠다고 머리를 굴려가며 뭔가 『**수익**』을 좀 올릴 수 있는 일에 골몰하면서 살아가는 게 사실이다.

『**너희가 내일 일어날 일을 알지 못하나니 너희 생명이 무엇이냐? 잠**

깐 보이다가 사라지는 안개니라』(14절).

당신은 당장 내일 자신에게 일어날 일을 알지 못한다. 하기야 이것을 아는 사람이 세상에 어디 있단 말인가? 하루하루 지날 때마다 지구의 마지막 종말을 향하여 그만큼 더 가까이 다가가고 있고, 대환란의 때가 그만큼 더 가까이 닥쳐오고 있다는 것 외에는 우리가 아는 것은 정말이지 아무것도 없다. 1분이 지나면 마지막 순간까지 당신에게 남아 있는 시간이 1분만큼 짧아졌다는 것 외에는 아무것도 확실히 아는 것이 없지 않은가? 당신의 할아버지가 아직 소년 시절이었을 적에는 그래도 앞날이 40년쯤 더 남아 있다고 계산하고 일을 꾸밀 수도 있었을 테고, 당신의 아버지가 소년 시절이었을 적에는 최소한 15년쯤 앞날이 더 남아 있다는 전제하에서 일을 도모할 수도 있었을 터이며, 당신이 소년 시절이었을 때만 해도 최소한 5년 내지 10년쯤은 시간이 더 남아 있다는 계산하에서 무슨 일을 도모할 수도 있었으련만, 지금 당신이 숨쉬고 있는 이 세대는 이제 단 1년도 더 남아 있다고 장담을 할 수가 도저히 없는 시대요, 어쩌면 단 한 달도 남지 않은 것으로 계산하고 무슨 일인가를 계획해도 계획해야 되는지도 모른다. 지금이야말로, 정말이지 그때가 아주 가까워진 게 분명하고, 그야말로 한치 앞도 내다볼 수 없는, 즉 모든 게 온통 불확실하기만 하여 도무지 장기 계획을 세운다는 게 여간 어렵지가 않게 된 순간에 우리는 지금 살고 있는 것이다. 우리 할아버지가 생존해 계셨을 때만 해도 나는 방학 때 할아버지의 농장에 내려가 아르바이트를 해서 용돈을 얼마쯤 벌고 몇 주 뒤에는 학교로 돌아와야지 하고 계획을 세우곤 했었고, 때로는 존 타운에 들어가 자동차 정비소에서 타이어를 갈아 끼워주는 일을 해서 책 사볼 돈을 좀 번다든가, 시골에 가서 이것저것 잡일을 해서 돈을 벌어야겠다고 계획을 세우곤 했었다. 사람들은 결혼해서 가정을 꾸리고 자녀들을 다섯을 낳을까,

여섯을 낳을까, 나름대로 느긋하게 계획을 세우기도 했고, 그들을 잘 양육하기 위해 이일저일 많은 것들을 구상하기도 했다. 그러나 이제는 때가 너무 가까웠고, 그 때가 닥치면 모든 일들이 지금 계획했던 것과는 전혀 다르게 돌아갈 것인즉, 무엇 하나라도 옛날처럼 느긋하게 장기 계획을 세우고 구상한다는 게 불가능한 시대에 우리는 살고 있다.

이런 관점에서, 세상의 장래를 내다보는 나의 미래관에 관하여 누가 물어온다면, 나는 지극히 비관적인 대답밖에는 할 수가 없다. 지금 내가 살고 있으면서 나에게 남아 있는 일들 가운데서 내가 할 수 있는 유일한 일은 오직 예수 그리스도를 위해서 살아가는 일뿐이다. 또한 내가 죽더라도 오직 예수 그리스도를 위해서 죽는 일밖에는 내게 남아 있는 일이 아무것도 없다. 내가 이렇게 마지막 순간까지 주님을 위해 일하다가 죽고자 단단히 결심한 마당에 만약 이것을 방해하는 요소가 내 앞에 나타난다면 내 가족이라도 버릴 참이다. 『**내일 일어날 일을 알지 못하나니 너희 생명이 무엇이냐?**』고 성경은 말씀하지 않는가? 내일 당장 내가 휴거될는지 누가 알겠는가? 눈 깜짝할 순간에 내가 이 세상에서 사라지고 말 터인데, 내가 오늘 백만장자면 어떻고, 억만장자면 또 무엇하겠다는 말인가? 『**너희 생명이 무엇이냐?**』는 이 위대한 물음에 당신은 무엇이라고 대답을 할 것인가? 다윗은 인생을 "한 뼘" 밖에 되지 않는다고 했고, 『**내 날들이 연기같이 소멸**』된다고 했으며(시 102:3), 욥기에서는 『**땅 위에서 우리의 날들이 그림자일이라.**』(욥 8:9)고 했다.

『**너희 생명이 무엇이냐?**』 이 물음에 대해 『**너희가 죽었고 또 너희의 생명이** 그리스도**와 함께** 하나님 **안에 감추어**』졌다고 말하는 바울은 그리스도가 우리의 생명이라고 언급한다(골 3:3,4).

『**너희 생명이 무엇이냐?**』 이에 대하여 『**잠깐 보이다가 사라지는 안개니라.**』고 여기 14절에서 대답한다. 당신이 생명에 대해 언급하고 있는 바를 성경에서 찾아보면 어디서나 공통되는 사실은 인생이란 순식간에 지나가고 마는 것으로 서술되고 있다는 점이다. 이에 대해서 공부하고 싶다면 시간을 내서 욥기를 읽으면서 『**생명**』, 또는 『**나의 날들**』이라는 단어가 등장하는 곳을 찾아 집중적으로 조명해 보면 된다.

『**나의 날들이 베틀의 북보다도 빠르니**』(욥 7:6).

『**내 생명이 바람 같음**』(욥 7:7).

『**전령보다도 더 빨라 달아나 버리니**』(욥 9:25).

그런가 하면 또, 『**빠른 배들처럼 지나가 버리고 먹이를 향해 달려드는 독수리**』 같다고도 했으며(욥 9:26), 하나님께서 일어서시면 『**아무도 생명의 보장이 없느니라.**』(욥 24:22)고 했다.

성경은 또 인생을 뜬구름과 같고 굴뚝의 연기와도 같다고 서술한다. 이처럼 인생에 대해서 성경에서는 여러 가지에 비견해서 서술하고 있지만, 그 어느 것이나 한 가지 공통되는 사실은 인생은 바람처럼 재빠르게 지나가고 만다는 사실이다. 모든 것이 순식간에 왔다가 순식간에 사라지고 마는 것이 인생이라는 말이다. 젊음이 느릿느릿 질질 끌며 오래 갈 것 같지만, 사실은 글 한 줄 휘갈겨 쓰듯 후딱 지나가고 마는 것이 청춘이 아니던가? 게다가 나이가 들면 들수록 더욱더 가속적으로 빨라지는 것이 또한 인생이다. 내 나이쯤 돼 보라. 한 시간이 마치 1초처럼 째깍 지나가고 만다는 것을 알게 될 것이다. 그리하여 하루가 째깍째깍, 째깍째깍, 마치 몇 초인 양 순식간에 지나가고 마는 것이다. 그리고 인생의 남은 시간들은 그 순간순간마다 점점 짧아져 가고 있는 것이다.

나는 어디에 여행할 때마다 비행기 안에 앉아 여행 중에 할 일들을 자세히 메모해 두는 버릇이 있는데, 몇 월 며칠은 몇 시에 일어나 몇 시에 아침 식사를 하고 오전 몇 시부터 몇 시까지, 오후 몇 시부터 몇 시까지, 저녁 식사는 몇 시에, 저녁 시간에는 몇 시까지 무슨 일을 마친

후 몇 시에 잠자리에 들것인가까지 아주 상세히 계획을 짠다. 그리고 하루 일과를 마치고 나면 그것을 다시 꺼내어 스케줄대로 된 일들을 하나하나 짚어가며 펜으로 죽죽 그으며 지워나가는데, 그럴 때마다 나의 남은 시간들은 그만큼 사라져 없어지고 말았구나 생각하면서 침내에 눕는다. 내가 이렇게 하는 이유는 나에게 남은 시간들이 얼마나 조금인가를 항상 의식하고 있기 위해서이며, 나의 그 시간들이 『**잠깐 보이다가 사라지는 안개**』임을 다시 한번 더 각성하기 위해서이다. 이른 아침 다섯 시나 여섯 시쯤 연못가에 나가보면 수면에 떠 있는 자욱한 안개를 본다. 그러던 것이 아홉 시나 열 시쯤만 되면 자욱하던 안개는 어디로 다 사라졌는지 수면이 말끔하다. 이것이 당신의 인생이다. 『**잠깐 보이다가 사라지는 안개**』 말이다.

『**너희가 내일 일어날 일을 알지 못하나니 너희 생명이 무엇이냐? 잠깐 보이다가 사라지는 안개니라.**』

사람에 따라서는 이 구절을 좀 달리 읽기도 한다. 어떤 사람은 주어진 시간을 헛되이 낭비하지 말라는 뜻으로 받아들이기도 하고, 어떤 사람은 주어진 기회를 놓치지 말라는 뜻으로 읽기도 한다. 또 어떤 사람은 시간을 잘 활용하라는 뜻으로 이해하기도 하고, 또 어떤 사람은 주어진 시간을 지나칠 정도로 눈코 뜰 새 없이 빡빡하게 보내지 말라는 뜻으로 받아들이기도 한다. 그런가 하면 또, 어떤 사람은 자기 때가 다 차기도 전에 죽음을 맞이한 인생의 허무를 말하는 것으로 이해하기도 한다. 주님께서는 그분을 위해 일할 수 있도록 당신에게 적절한 능력과 환경과 건강을 주셨다. 그렇다면, 당신은 주님께로부터 받은 그 능력과 환경과 건강에 따라 당신의 시간을 합당하게 사용해야 마땅하지 않은가? 주님께서는 또 그분을 위해 일할 수 있도록 당신에게 시간을 주셨다. 그렇다면, 당신에게 주어진 그 시간에 따라 그에 합당하게 당신의 능력과 환경과 건강을 활용해야 마땅하지 않은가? 그러면서 주님을 섬기는 일에 부족하거나 지나치지 않은가를 항상 점검하는 가운데 당신의 최선을 다하면서 살아가야 할 것이다.

나는 이 구절이 던지는 의미가 바로 이런 것이라고 해석한다. 그리고 당신도 그런 뜻으로 이 구절을 받아들이도록 권고한다. 주님을 위해 열심히 일하는 것도 좋지만, 주어진 능력의 한계를 넘어서면서까지 지나치게 열심을 내는 바람에 무리가 따르고 건강을 해치게 된다면, 결과적으로 주님을 섬기는 일에 차질을 빚게 되는 것은 필연적이다. 어떤 사람들은 주님을 섬기는 일에 열심을 다하다가 때때로 자신에게 허락된 능력과 건강과 환경들을 뛰어넘어서까지 일을 하고 싶은 유혹에 빠지기도 하지만, 바로 이럴 때 조심하는 게 좋다고 나는 당신에게 충고하고 싶다. 그러다가 쓰러지면 오히려 주님의 일을 그르치고 마는 아주 위험한 결과를 초래할 수 있기 때문이다.

그런가 하면 또, 어떤 사람들은 마지막 때가 아주 가깝기 때문에 하루 종일 아무 일도 하지 않고 앉아서 성경만을 읽고 기도만 하는 것으로 시간을 보내며 모든 것을 잊어버리려고 하는 사람도 없지 않지만, 이런 사람들이야말로 『**너희 생명이 무엇이냐? 잠깐 보이다가 사라지는 안개니라.**』는 이 말씀의 참뜻을 누구보다도 더 절실히 되새겨야 한다.

『**오히려 너희가 "주께서 원하시면 우리가 살겠고, 또 이것이나 저것을 할 수 있으리라."고 말해야 할 터인데**』(15절).

『**주께서 원하시면**』, 우리가 말해야 할 것은 단지 이것뿐이다.

『**주께서 원하시면**』, 『**주께서 원하시면...**』. 당신이 누구와 무슨 약속을 하더라도 가장 안전하게 말끝을 마무리하는 방법은 "『**주께서 원하**

시면』 기꺼이 그렇게 하겠습니다."라고 말하는 것이다. 세상에 이보다 더 경건한 말은 없다. 누가 아무리 경건한 척하면서 당신에게 무엇을 요구해 오더라도 『**주께서 원하시면**』이라는 당신의 말 앞에서는 더 이상 다른 말을 할 수가 없다. 하다못해, "내일 만납시다." 하고 누가 당신에게 인사하고 작별할 때도 당신은 이렇게 대답하는 게 좋다.

"『**주께서 원하시면**』 만날 수 있겠지요."

"내주에 거기서 만납시다."

"예, 『**주께서 원하시면**』 내주에 다시 만날 수 있겠지요."

"1시 반에 로비에서 만납시다."

"예, 그럽시다. 『**주께서 원하시면**』."

주께서 원하지 않으신다면, 우리가 아무리 무슨 일을 계획하고, 약속하고, 마음먹은들 그게 다 무슨 소용이 있으랴!

『**이제 너희가 너희의 자만 가운데 기뻐하고 있으니 그러한 기쁨은 다 악하니라**』(16절).

주님께서 원하시는 게 무엇인지는 전혀 염두에 두지 않은 채 13절의 『"**오늘이나 내일 우리가 어느 성읍으로 가서 거기서 일 년쯤 지내며, 사고 팔아 수익을 올리리라.**" **하는 자들**』처럼 자만하면서 제풀에 기뻐하는 『**그러한 기쁨은 악하니라.**』고 일침을 놓는다.

당신이 무슨 일을 계획하고 수행할 때 주님을 염두에 두지 않고 하는 일들은 진정한 인생의 기쁨이 될 수 없고, 설사 기쁘다 한들, 그런 기쁨은 선한 기쁨이 될 수 없다는 것이다. 따라서 당신의 생각 속에 하나님이 자리잡고 있지 않으면 당신의 마음이 버림받은 채로 내팽개쳐져 있는 셈이어서 당신은 결국 온당치 못한 일을 하게 된다고 성경은 말씀한다.

『**뿐만 아니라 그들은 자기들의 지식 가운데** 하나님 **두기를 싫어하니** 하나님**께서 그들을 버림받은 마음에 내버려 두시어 온당치 아니한 일을 하게 하셨도다**』(롬 1:28).

성경은 또 그 생각 속에 하나님이 없는 사람은 교만으로 인하여 하나님을 찾지 않는 악인이라고 규정한다.

『**악인은 자기 얼굴의 교만으로 인하여** 하나님을 **찾지 않으리니 그의 모든 생각에는** 하나님**이 없나이다**』(시 10:4).

『**그러므로 선을 행할 줄 알면서도 행치 아니하는 자에게는 그것이 그 사람에게 죄가 되느니라**』(17절).

이 구절은 당신이 반드시 암송해 두어야 할 말씀으로 그리스도인의 삶의 원칙을 간명하게 서술하고 있는 아주 위대한 구절이다.

이 구절의 경우에 『**선을 행할 줄 알면서도 행치 아니하는 자**』란 15절과 관련하여 입으로는 『**주께서 원하시면**』이라는 말을 할 줄은 알면서도 실제로는 자기 생각 속에 하나님을 두지 않고 살아가는 사람들을 일컫지만, 넓은 의미에서 모든 경우에 해당하는 일반적인 원칙으로 받아들여도 무방하다. 입으로는 『**선**』을 행한다고 말하면서도 실제로는 그렇지 못한 경우, 그것은 곧 위선이요, 위선은 『**그 사람에게 죄가 되느니라.**』고 말씀한다.

그러나 이 구절은 문맥상 15절과 연결하여 이해하는 것이 더 온당하다. 당신이 무슨 일을 하든지 그것이 당신의 결정에 따른 것이 아니라 하나님의 뜻에 따른 것이라면 당신은 선한 일을 행하는 것이다. 설사 당신이 결정해서 하는 일이라 할지라도 그 결정이 하나님께서 원하시는 바와 일치한다면 이 역시 선한 일이다. 당신 자신이 아무리 선한 일이라고 판단하더라도 그것을 당신이 행하는 것을 하나님께서 원치 않으신다면 그 일은 당신이 해서는 안 될 일이다. 밥 존스 1세는 "아무리 좋은 일이라도 하나님께서 바라시지 않는 일에 열심을 내는 것은 죄악이다."라고 항상 말했다. 그런데, 문제는 당신이 비록 『**주께서 원하시면**』이라는 전제하에서 매사를 행한다 하더라도 당신이 하나님께서 바라시는 바를 과연 어떻게 알 수 있느냐 하는 점이다. 당신이 하나님께서 원하시는 바를 알려면 무엇보다도 먼저 당신의 마음이 온전히 주님께 드린 바 되어 있어야 한다는 것은 두말할 나위도 없다. 당신의 마음뿐만 아니라 당신의 머리도 주님께 온전히 드려진 바 되어 있어야 한다. 당신의 마음과 머리가 주님께 드려지지 않은 상태에서 주님께서 원하시는 바를 당신이 안다는 것은 불가능하다.

사람이 실수로 그릇된 일을 범하게 될 때, 그것이 마음으로 범한 실수일 경우가 있고, 머리로 범한 실수인 경우가 있다. 그런데, 마음이 실수하면 머리도 덩달아 실수하기가 아주 쉬운 반면에 사람의 머리로 먼저 실수하더라도 마음이 바르기만 하면 머리의 실수를 얼른 되돌릴 수가 있다. 이렇게 볼 때, 우리는 머리로 범하는 실수보다 마음으로 범하는 실수가 더 무섭다는 것을 알 수 있다. 마음에는 실수가 없는데도 머리가 실수하는 경우에는 하나님께서 그 마음을 보시고 눈감아 주시기도 하고 그 실수를 돌이키도록 용서를 구할 수 있는 기회를 주시지만, 마음으로 실수를 범할 경우에는 하나님께서 모른 체하시고 내버려두신다. 우리는 그 좋은 예를 바울에게서 본다. 바울은 성령께서 『**예루살렘에 올라가지 말라.**』(행 21:4)고 명하셨음에도 불구하고 예루살렘에 가기를 원했다. 사실 바울의 마음은 옳았다. 그러나 그의 머리가 실수를 범했다. 그가 하나님을 사랑했고 하나님의 뜻에 따라 행하려 했으며, 『**육신에 따른 내 형제들, 내 동족을 위해서라면 차라리 내 자신이** 그리스도로부터 **저주받기를 바랐겠노라.**』(롬 9:3)고 말할 정도로 자신의 형제들을 사랑했다는 분명한 사실에서 그의 마음만은 하나님께 대하여 아무 잘못이 있을 수 없었다. 그러나 성령님의 만류에도 불구하고 자기는 예루살렘에 가야한다고 생각한 그의 머리는 분명 실수를 범하고 있었다.

머리로 범한 큰 실수로 말한다면, 뭐니뭐니해도 우리는 그 예를 누구보다도 다윗에게서 발견한다. 다윗은 하나님을 진정으로 사랑했다. 다윗이야말로 하나님을 사랑했고 마음을 다하여 하나님을 찬양했던 대표적인 인물이었다. 그는 『**나의 힘이시며 나의 구속주이신, 오 주여, 내 입의 말과 내 마음의 묵상이 주의 목전에 받아들여지게 하소서.**』(시 19:14) 하고 자신의 마음이 하나님께 받아들여지기를 늘 간절히 바라면서 살았던 사람이다. 그런 터였음에도 불구하고 밧세바를 보는 순간 그의 머리가 그만 잘못 돌아가고 말았다. 이것이야말로 사람의 머리가 범한 실수 중에서도 최악의 예가 아닐 수 없다. 다윗은 자신의 머리로 범한 이 실수에 대하여 일생 동안 그 대가를 엄청나게 치르지 않으면 안 되었지만, 하나님께서는 그의 마음만은 하나님께 대하여 바르지 못한 적이 한번도 없었고 그의 마음이 하나님께로부터 돌아선 적은 한번도 없었음을 잘 알고 계셨다.

이와는 반대로 마음으로 범한 큰 실수로 말한다면, 우리는 그 예를 솔로몬에게서 본다. 사람들이 솔로몬에 대해서 대체로 알고 있는 바로는 그가 일생 동안 자기 아버지 다윗의 유업을 이어 받아 하나님을 섬겼던 훌륭한 통치자였다는 것이지만, 그는 많은 이방 여인들을 아내로 맞아들였고 그들을 통하여 수많은 우상 신들을 받아들임으로써 마음으로 큰 실수를 범하고 말았다. 머리가 아니라 마음으로 말이다. 다윗은 밧세바를 범함으로써 머리로는 큰 실수를 범한 게 사실이지만, 결코 마음으로 실수를 범하지는 않았고 하나님의 여하한 명령에도 불순종하거나 하나님께로부터 마음을 다른 데로 돌이킨 적은 없었다는 것이 성경의 기록이다. 이에 반하여 솔로몬은 자기 아버지 다윗처럼 하나님께 대하여 그 마음이 바르지 못했다고 성경은 이야기하고 있다. 솔로몬은 『**그의 보좌를 내 주 다윗왕의 보좌보다 더 크게 하시기를**』 원하노라는 신하들의 송축을 받으며 왕국의 보좌에 앉았고(왕상 1:37), 『**이스라엘의 주 하나님이여, 그러므로 이제 주께서 주의 종 내 아버지 다윗에게 약속하여 말씀하시기를 '네가 내 앞에서 행한 것처럼, 네 자손들이 그들의 길을 주의하여 내 앞에서 행하면, 이스라엘의 보좌에 앉을 사람이 내 앞에서 네게 끊어지지 아니하리라.' 하신 것을 지키소서.**』(왕상 8:25) 하고 하나님께 간구했지만, 말년에 마음의 실수로 얼룩진 자신의 인생을 되돌아보며 『**헛되고 헛되며 헛되고 헛되니 모든 것이 헛되도다. 사람이 해 아래서 하는 그의 모든 수고에서 무슨 유익을 갖겠는가?**』(전 1:2,3) 하고 가슴을 쳤다. 그가 범한 마음의 실수는 끝내 회복되지 못한 채 왕국은 찢어졌고 그 보좌는 무너져 내렸으며 그 이후 800년 동안 왕국의 보좌는 회복되지 못했다. 이 모두가 마음의 문제에서 비롯된 끔찍한 비극이었다.

마음의 문제라면 뭐니뭐니 해도 유다 이스카리옷이 범했던 마음의 실수보다 더 큰 실수가 또 없었다. 그는 겨우 은 삼십 개에 예수 그리스도를 팔아 넘겼을 정도로 마음이 단단히 병들어 있던 보잘 것 없는 위인이었다. 유다 이스카리옷이 주님을 배반한 것은 머리로 범한 실수가 아니라 마음으로 범한 실수였다. 그것은 빛보다는 어둠을 사랑하고 자신의 등뒤에 숨어 있는 마귀에게 마음을 내어준 결과였으며, 결국에는 목매달아 죽어야 했고 끝없이 깊은 구렁으로 자신을 떨어뜨렸던 무서운 마음의 병이었던 것이다.

당신이 비록 갖가지 실수를 범하더라도 진정 마음으로는 주님을 사랑하고 조금이라도 더 주님을 사랑하기를 열망하며, 어떻게든 주님을 더 사랑해 보려고 노력하고 있다면 주님께서는 당신의 그 마음을 아시고 끝내는 당신으로 하여금 바른 길로 나아올 수 있도록 인도해 주신다. 그러나 당신의 마음이 주님께 대하여 바르지 않다면, 그리고 주님께로부터 당신의 마음을 다른 데로 돌이킨다면, 당신에게는 절대로 희망이 없다. 주님께서는 마음이 고장난 당신을 절대로 되돌려 놓으시지 않기 때문이다. 그렇기 때문에 마음의 실수는 머리의 실수보다 훨씬 더 무서운 결과를 초래하게 되는 것이다.

당신의 머리가 실수를 범하게 되는 것은 당신의 생각이 진짜 자아와는 반대되는 결정을 내리게 될 때 일어나는 일이다. 진짜 자아란 거듭난 속 사람을 말한다. 당신은 거듭났기 때문에 마음으로는 하나님의 법을 즐거워하고 하나님 사랑하기를 원하지만 머리로는 마음이 원하는 것을 행치 않는 경우가 흔히 있다. 이에 대해 바울도 여간 심한 갈등을 느낀 게 아니었다.

『**내가 속 사람을 따라** 하나님의 **법을 즐거워하나 내 지체들 속에 있는 또 하나의 법이 내 생각의 법과 싸워 나를 내 지체들 속에 있는 죄의 법에게로 사로잡아오는 것을 보는도다. 오, 나는 비참한 사람이로다! 누가 이 사망의 몸에서 나를 구해 낼 것인가**?』(롬 7:22-24).

바울에 따르면, 하나님의 법을 즐거워하는 속 사람의 생각의 법과, 죄의 법을 따르고자 하는 겉 사람, 즉 지체들 속에 남아 있는 옛 사람의 법이 서로 갈등을 일으킨다는 것이다. 이 갈등에서 겉 사람이 속 사람을 이길 때, 머리로 범하는 실수가 나오게 되는 것이다.

『**그러므로 선을 행할 줄 알면서도 행치 아니하는 자에게는 그것이 그 사람에게 죄가 되느니라.**』

17절의 이 말씀이야말로 모든 경우에 적용할 수 있는 실로 위대한 말씀이 아닐 수 없다. 글을 쓰되 올바른 글을 써야 한다는 것을 안다면 그릇된 글을 쓰지 말라. 그것은 죄다. 말을 하되 진실을 말해야 된다는 것을 안다면 거짓을 말하지 말라. 그것은 죄다. 공부를 하되 진리를 알기 위해 공부한다는 것을 안다면 시험을 보기 위해서 공부하지는 말라. 복음을 증거하는 것이 옳은 일인 줄 알면서도 복음을 증거하지 않는다면 그것은 죄다. 진리를 전파하는 것이 옳은 일인 줄 알면서도 진리를 전파하지 않는다면 그것은 죄다.

죄는 개인적인 것이다. 『**그것이 그 사람에게 죄가 되느니라.**』는 말씀은 이것을 의미한다. 하나님께서는 각 사람에게 그가 서 있어야 할 자리를 정해 주시고 그 자리에서 그가 해야 될 일들을 가기 맡겨 주셨다. 따라서 당신이 해야 될 일과 내가 해야 될 일이 반드시 일치하는 것은 아니다. 따라서 나에게 죄가 되는 것이 당신에게는 죄가 되지 않을 수도 있고 당신에게 죄가 되는 것이 나에게는 죄가 되지 않는 것도 있다. 반대로 당신에게는 죄가 되지 않더라도 나에게는 죄가 되는 것도 얼마든지 있기 마련이다.

모든 죄는 결국 하나님께 짓는 죄다. 내가 다른 형제에게 짓는 죄도 결국은 하나님께 짓는 죄가 된다. 바울은 이에 대해 이렇게 말한다.

『**그러므로 너희가 형제들에게 그렇게 죄를 짓고 또 그들의 약한 양심에 상처를 주는 것이 곧 그리스도께 죄를 짓는 것이니라**』(고전 8:12)

『**형제들**』이라면 모두가 그리스도의 몸 안에 들어가 있다는 사실을 생각해 보라.

야고보서 5장

5:1 이제 오라. 너희 부자들이여, 너희에게 닥칠 재난으로 인하여 울
고 통곡하라.
2 너희의 재물은 썩었고, 너희의 의복은 좀먹었으며
3 너희의 금과 은은 녹이 슬었으니, 이것들의 녹이 너희에게 증거가
되어 불같이 너희 살을 먹으리라. 너희가 마지막 날들을 위한 재물
을 쌓았도다.
4 보라, 너희 밭에서 추수한 일꾼들에게 속임수로 주지 않은 품삯이
소리지르며, 추수꾼들의 울부짖음이 만군의 주의 귀에 들렸느니라.
5 너희는 땅에서 쾌락 가운데 살며 방탕하였도다. 너희가 살육의 날
처럼 너희 마음을 살찌게 하였도다.

『이제 오라. 너희 부자들이여, 너희에게 닥칠 재난으로 인하여 울고 통곡하라』(1절).

앞에서도 이미 언급한 바와 같이 문맥상으로 보아 여전히 대환란 관련 구절들이다. 『**이제 오라. 너희 부자들이여,**』 하고 부자들을 향하여 일갈한다. 허영에 들떠 부의 축적에만 눈이 머는 것은 마귀의 짓이기 때문이다. 야고보서 5장에서는 모든 "부자들"이 야고보서 1:11과 2:6,7에서처럼 저주를 당한다. 5:6의 "의인"은 죄인들에게 죽임당하신 예수 그리스도께 적용되지만(행 3:14; 7:52), 대환란과 관련해서는 문맥상 품삯을 사취당한 "일꾼"(4절)에게 적용된다. 1,2절에는 "그리스도인 부자들"이 없으며, 5,6절에서도 마찬가지이다. 문맥은 결코 이 교회 시대가 아니다. 『**주께서 오실 때**』(7절)이다.

대환란이 빠르게 다가옴에 따라 "부자들은 더 부자가 되고" "가난한 자들은 더 가난하게 되어," 결국 사탄을 숭배하지 않고는 재물을 "얻을" 수 없는 때가 이른다(계 14:9-11). 거꾸로 말하면, 그때에는 "사탄"을 숭배하지 않고서는 아무도 『**사거나 팔 수**』 없게 된다(계 13:16-18).

말하자면 대환란 때 사탄을 숭배하지 않는 "의인들"은 "정죄받아 죽임을 당한다"(6절). 문자 그대로 정죄받고 죽게 된다(계 6:9; 20:1-4). 그들은 저항하지 않는다(계 12:11). 한 제단에서(계 6:9) 양들처럼(시 44:22) 살육당하고, 한 제단에서(사 6:13) 양들처럼 먹히게 될 것이다(렘 50:17, 시 16:4).

본문 4절에서는 "농장 일꾼들"이 품삯을 사취당하는데, 그들은 요한계시록을 제외한 신약성경의 어떤 책보다도 구약성경의 한 책에 특징적으로 잘 묘사되어 있다.

『**어떤 사람은 경계표를 옮기며 양떼들을 강제로 빼앗아 가서 기르고 아비 없는 자의 나귀를 몰아가며 과부의 소를 가져다가 저당 잡는도다. 그들이 궁핍한 자를 길에서 몰아내니 땅의 가난한 자가 다 함께 숨는도다**』(욥 24:2-4)

『**그들은 각기 들에서 자기 곡식을 거두며 또 그들은 악인의 포도를**

모으는도다』(욥 24:6).

『**그들은 아비 없는 자의 품에서 빼앗아 가고 가난한 자에게서 저당물을 취하는도다. 그들은 가난한 자를 옷 없이 벗은 채로 가게 하며 주린 자들에게서 곡식단을 빼앗고 이들은 담 안에서 기름을 짜며 포도즙틀을 밟으니 목이 말라 고생하는도다. 사람들이 성읍에서 신음하며 상처 입은 자의 혼이 부르짖으나** 하나님**께서 아직은 그들에게 어리석음을 놓지 않으셨도다. 그들은 빛을 거역하는 자들에게 속하나니 그들은 그 길도 모르고 그 빛의 인도함에 거하지도 아니하는도다**』(욥 24:9-13).

욥기 24:17의 『**아침**』은 재림이다. 욥기 24:18-22은 요한계시록 13장의 "멸망의 아들"과 그의 추종자들을 묘사하고 있다.

『**이제 오라. 너희 부자들이여, 너희에게 닥칠 재난으로 인하여 울고 통곡하라**』(1절).

한편, 부자들에 대해서 부정적인 생각을 갖고 있기는 요한 웨슬리가 더 했던 것 같다. 감리교 창시자인 요한 웨슬리는 "당신이 구원받고 나서 10년쯤 지난 뒤, 그 이전보다 두 배나 부자가 되었다면, 당신은 구원받기 전보다 두 배나 저주를 받은 것이다."라고까지 극단적인 말을 서슴지 않았는데, 요즘 "성전 건축"이라는 명분으로 으리으리한 교회 건물들을 화려하게 짓고, 엄청나게 규모가 큰 신학대학들을 운영하는 감리교단 측 사람들을 웨슬리가 만약 지금 본다면 입맛이 여간 쓰지 않을 것이다. 구원받은 그리스도인이 구원받기 이전보다 더 많은 돈을 벌었다면 그 사람은 필경 타락한 그리스도인이라는 것이 요한 웨슬리의 생각이었던 모양이다. 구원받은 사람이라면 모든 것을 내던지고 오직 하나님만을 섬길 수 있는 사람이어야 할 것인즉, 그리스도인은 가난해질 수밖에 없다는 것이 그의 생각이었던 것이다. 글쎄다. 오늘날 요한 웨슬리의 가르침대로 행하는 감리교 신자가 과연 몇이나 될지 자못 궁금하다.

아무튼, 요즘 세상에 야고보서 5:1을 갖고 설교하기란 여간 어려운 게 아니다. 『**이제 오라. 너희 부자들이여, 너희에게 닥칠 재난으로 인하여 울고 통곡하라.**』 이런 설교를 듣고 교회에 다닐 부자들은 이 세상에 하나도 없을 테니까 말이다. 이런 점만 보아도 요한 웨슬리는 참으로 위대한 설교자였던 게 분명하다. 그는 사람의 눈치를 살피며 설교하는 요즘 목사들과는 부류가 사뭇 달랐다. 하지만, 다른 『**형제나 자매가 헐벗고 그 날의 양식조차 없는데**』(약 2:15), 그런 가난한 사람을 보고 부자라는 작자가 『**"평안히 가라. 몸을 따뜻하게 하고 배부르게 먹으라." 고 하면서 그 몸에 필요한 것들을 주지 않는다면**』(약 2:16), 이런 사람은 사실 비난받아 마땅할 것이요, 더구나 마태복음 25장에서 보듯이 대환란 기간 동안 가난한 형제가 굶주렸을 때에 먹을 것을 주지 아니하고, 목말랐을 때에 마실 것을 주지 않으며, 헐벗을 때에 입을 것을 주지 않고, 병들고 감옥에 갇혔을 때에 문안 가지도 않는다면, 이런 악한 부자들을 향하여 『**너희 저주받은 자들아, 내게서 떠나 마귀와 그의 천사들을 위하여 준비한 영원한 불 속으로 들어가라.**』(마 25:41)는 왕의 명령이 떨어지는 것은 마땅하다. 그렇기 때문에 그런 부자들에게 『**너희에게 닥칠 재난으로 인하여 울고 통곡하라.**』는 경고를 지금 발한다는 것은 오히려 그들을 위해서라도 매우 값진 설교라는 점에 대해 아무도 이의를 달지 못할 것이다.

"그대가 하나님께 대한 극진한 사랑으로 가득 찬 채 쉬지 않고 기도하면서 하나님과 긴밀하게 교제하고 있는 동안만이 그대가 죄를 짓지 않고 있는 시간이다."

이 역시 요한 웨슬리가 한 말이었다.

이 말은, 그리스도인이라 할지라도 기도 가운데서 하나님을 마주 대하고 있지 않는 순간은 여지없이 죄를 짓고 있는 시간들이라는 얘기다. 그러니까, 당신이 만약 그리스도인으로서 죄라면 눈꼽만치도 짓지 않기를 바란다면, 한 시간 60분 매분마다, 1분 60초 매초마다, 하루 24시간 매 시간마다, 그야말로 쉬지 말고 기도하는 가운데 주님과의 교제 속에서 모든 시간들을 가득 채우고 있어야 한다는 얘기가 된다. 그의 말이 정말 옳은 지도 모른다. 과연 그런 삶이 현실적으로 가능하냐 여부는 별개의 문제다.

『너희의 재물은 썩었고, 너희의 의복은 좀먹었으며 너희의 금과 은은 녹이 슬었으니, 이것들의 녹이 너희에게 증거가 되어 불같이 너희 살을 먹으리라. 너희가 마지막 날들을 위한 재물을 쌓았도다』(2,3절).

이 구절의 서술법에서 드러나듯이, 『**너희의 재물은 썩었고**』라든가, 『**좀 먹었으며**』, 『**녹이 슬었으니**』, 하는 식으로 야고보는 이 모든 일들이 이미 다 끝난 일들인 것처럼 진술하고 있다는 데에 주목하라. 우리가 이런 미래의 일들을 진술할 때, "~하리라."는 형식으로 말하는 게 보통이지만, 야고보는 그렇게 하지 않고 현재 이미 이루어진 일인 것처럼 다루고 있는 것이다. 이것은 대환란이 얼마나 절박하게 가까이 다가와 있는지를 그가 느끼고 있었기 때문이요, 우리들로 하여금 그 임박성을 뼈저리게 느끼도록 하기 위함이다.

야고보서 5장이 그리스도의 재림 관련 장이라는 것은 곳곳에서 명백하게 드러나고 있는데, 가령 7절의 『**주께서 오실 때까지**』라든지, 17절의 『**삼 년 육 개월**』이라든지 하는 서술들이 모두 그러하다. 더 나아가 야고보는 주님의 재림을 먼 장래의 일로 본 것이 아니라 이미 우리 문 앞에 닥친 것으로 묘사하고 있다는 데에 주목해야 한다. 그 단적인 예로 9절에서 문자 그대로 『**보라, 심판하시는 분이 문 앞에 서 계시니라.**』 고 언급하고 있지 않은가!

『**너희의 재물은 썩었고, 너희의 의복은 좀 먹었으며 너희의 금과 은은 녹이 슬었으니**』라는 구절에서 우리는 예수 그리스도의 산상설교를 연상하게 된다. 주님께서는 산상설교에서 이렇게 말씀하셨다.

『**너희 자신을 위하여 땅에다 보물을 쌓아 두지 말라. 거기는 좀이나 녹이 해치며, 또 거기는 도둑들이 뚫고 들어와서 도둑질하느니라. 오히려 너희 자신을 위하여 하늘에다 보물을 쌓아 두라. 거기는 좀이나 녹이 해치지도 않으며, 또 거기는 도둑들이 뚫고 들어오지도 못하고 도둑질도 못하느니라**』(마 6:19,20).

『**너희의 금과 은은 녹이 슬었으니**』에서 “녹이 슬었다.”는 말을 영어 <킹제임스성경>은 “cankered”라는 단어로 표기하고 있는데, “canker”는 그 발음도 “암”이라는 뜻의 “cancer”와 유사하지만, “암”이라는 “cancer”란 단어가 실은 여기서 파생되었다. 요즘도 입술이나 혀에 생기는 암, 즉 구강암이나 구강 궤양을 의학 용어로는 “canker”라고 부른다. 금이나 은이 녹스는 것은 마치 사람의 살에 암 종양이 생기는 것과 같은 것이어서 금이나 은이 암에 걸리면 그것이 곧 녹슨 것이다. 금은 여간해서 녹이 슬지는 않지만 은은 쉽게 녹이 슬어 시커멓게 되기 때문에 은그릇이나 은으로 만든 숟가락과 젓가락은 자주 닦아 써야 한다. 금이나 은 같은 귀한 금속이라도 녹이 슬면 그 녹이 금속을 먹어 들어가 부식시켜 버린다. 이것을 보면 사람도 암에 걸리면 그 암이 살을 먹어 들어가 썩게 만든다는 것을 알 수가 있다. 이게 화학적으로, 또는 의학적으로 사실인지 여부를 떠나 적어도 <킹제임스성경>은 그렇다고 기술하고 있다.

아무튼 금과 은 같은 귀한 재물이라도 암에 걸리고 그 암 세포가 사람의 살로 옮겨가면 사람을 파멸로 이끈다는 식의 표현은 매우 흥미로운 서술이다. 이렇게 볼 때, 금과 은, 즉 당신의 재물은 당신에게 축복이 아니라 오히려 저주가 될 수 있다는 경고임에 우리는 주목할 필요가 있다. 그 좋은 예로 미국의 억만장자 하워드 휴즈를 들 수 있다. 그는 엄청난 부자였지만, 그럼에도 불구하고 지구상에 살았던 사람들 가운데서 가장 비참했던 사람이다. 그는 병에 걸려 고통을 잊으려고 마약주사를 맞아야 했고, 나중에는 반미치광이가 된 채 결국 영양실조로 죽었다. 억만장자가 영양실조로 죽다니 이보다 더 비참한 일이 어디 있는가? 그는 지상에서 가장 좋은 음식과 가장 좋은 건강식을 누구보다도 맘껏 먹을 수 있는 부를 누리고 있었고, 그것을 위해서라면 몇 천만 달러라도 쓸 수 있는 거부였다. 그럼에도 불구하고 병을 앓느라고 아무것도 먹지 못해 영양실조로 죽었으니 이보다 더 어처구니없는 일이 또 어디 있겠는가?

『**너희가 마지막 날들을 위한 재물을 쌓았도다.**』 이 구절에서 『**마지막 날들**』에 밑줄을 그어 두라. 이 부분은 이 책이 어디서나 대환란 시대를 가리키고 있다는 강력한 증거 구절들 중 하나이다.

『**보라, 너희 밭에서 추수한 일꾼들에게 속임수로 주지 않은 품삯이 소리지르며, 추수꾼들의 울부짖음이 만군의 주의 귀에 들렸느니라**』(4절).

『**일꾼들**』이란 요새 말로 표현하면 곧 "노동자들"이라는 뜻이다. 성경은 이 부분에서 분명 이 "노동자들" 편을 들고 있다. 그런가 하면 또, 성경은 마찬가지로 사기업 경영 체제와 자본주의 경제 체제 편을 들고 있다. 성경은 결코 공산주의 경제 체제를 지지하지 않는다.

성경이 자본가 계급과 노동자 계급 간의 문제에 대해서 어떤 입장을 취하는지 이 기회에 한번 살펴보자.

1951년에서 1953까지에 걸쳐 개최되었던 미국 남침례교 전국 대회에서 그들 교회의 주일학교에서 사용할 교재들이 제정되었는데, 그 가운데 사유재산에 관한 교과목이 포함돼 있었다. 그런데, 이 교과목 교재에 의하면 사유재산의 소유는 사탄적이므로 모든 사람들이 재산을 공유할 수 있어야 하며, 자기 재산을 다른 사람들과 나누어 가져야 하고, 반면에 다른 사람의 재산 역시 내가 공유할 수 있는 권리가 있다고 가르치고 있었다. 이것이 다른 나라도 아니고 미국에서 있었던 일인 데다가 미국의 다른 집단도 아닌 바로 기독교 교파에서 가르친 내용이었다니 실로 놀랍지 않은가? 이러한 사상은 칼 마르크스의 공산주의 선언에서나 볼 수 있는 이념이다. 그들이 성경을 얼마나 엉망으로 해석하고 적용했기에 이 지경에까지 이르렀는지는 이제부터 우리가 성경 구절들을 공부해보면 잘 알게 될 것이다.

누가복음 12장을 보라.

『**그러자 무리 가운데서 한 사람이 주께 말씀드리기를 "선생님, 내 형제에게 말씀하셔서 유산을 나와 함께 나누라 하소서."라고 하니 주께서 그에게 말씀하시기를 "이 사람아, 누가 나를 너희 위에 재판관이나 재산 나누는 사람으로 세웠느냐?"라고 하시니라**』(눅 12:13,14).

철없는 친구가 주님께 찾아와 형제간에 공평하게 유산을 분배하는 일에 개입해 달라고 요청했지만, 주님께서 어디 남의 재산 따위나 나누는 일에 개입하실 분이던가? 주님께서는 『**이 사람아,**』 하고 어이없어 하신 다음 『"**주의하고, 탐심을 조심하라. 이는 사람의 생명이 자기가**

소유한 것의 풍부함에 있지 않음이라."』고 타일러 돌려보내신다.

이번에는 마태복음 20장에서 자본주와 노동자간의 문제를 어떻게 다루고 있는지 살펴 보라. 여기 보면 늦게 고용되는 바람에 자기네들보다 적게 일한 일꾼들이 자기들과 똑같은 품삯을 받는 것을 보고 주인에게 불평하는 장면이 나온다.

『**주인이 그 중 하나에게 대답하여 말하기를 '친구여, 내가 너에게 부당하게 한 것이 없노라. 네가 나와 한 데나리온으로 정하지 아니하였느냐? 네 몫을 받아서 가라. 나는 마지막에 온 이 자들에게도 너에게 주었던 대로 주리라. 내 것을 가지고 내 뜻대로 하는 것이 부당하냐? 나의 선함이 네 눈에는 악하게 보이느냐?'고 하였느니라**』(마 20:13-15).

물론 이 말씀은 주님께서 자기 자신에 대하여 하신 말씀이고, 자신을 위해 일하도록 채용하신 사람들에 대해 예수 그리스도께서 어떻게 대하시는 지에 대해 비유로 하신 말씀이다. 『**내 것으로 내 뜻대로 하는 것이 잘못이냐?**』는 말씀에서 당신은 당신 자신의 것을 당신의 뜻대로 처리할 수 있음을 분명히 가르치고 있다.

<킹제임스성경>에서 영어로 『**만군의 주**』를 "the Lord of sabaoth"라고 표기하고 있는 것은 구약의 히브리어 "여호와 사바오스"(Jeohova Sabaoth)에 해당하는 것으로서 <킹제임스성경>의 사무엘상 1:3에서는 "the Lord of hosts"라고도 표기하고 있다. 다시 말해서, 『**만군의 주**』는 구약적인 표현이다. 사복음서나 바울 서신서에서는 발견되지 않는 표현을 야고보서에서 사용하고 있다는 것 또한 이 책이 그리스도의 재림과 관련된다는 것을 시사한다.

『**주께서 오실 때**』(7절) 그분께서는 하늘에 있는 『**군대들**』(계 19:14)의 머리인 "총사령관"으로서 오실 것이다. 『**만군**』은 "무장한 군대들"에 대한 언급이다.

『너희는 땅에서 쾌락 가운데 살며 방탕하였도다. 너희가 살육의 날처럼 너희 마음을 살찌게 하였도다.』(5절).

영어 <킹제임스성경>에서 **『땅에서 쾌락 가운데 살며 방탕하였도다.』**를 "have lived in pleasure on the earth, and been wanton"이라고 표현하고 있는데, 여기서 "wanton"이란 단어는 "들떠서 날뛰는," "변덕스러운," "제멋대로의," 또는 "바람난, 음탕한, 부정한" 등의 뜻으로서 특히 성적 쾌락에 젖어 사는 것을 말한다. 여자의 경우 "wanton woman"이라고 말하면, 이 남자 저 남자 아무나하고 난잡하게 놀아나는 여자를 일컫는다.

『살육의 날처럼 너희 마음을 살찌게 하였도다.』란 마치 집 바깥 옥외에 나가 소나 양을 잡아 바베큐를 해먹듯이 기름진 음식으로 질탕하게 먹고 즐기는 쾌락의 삶을 묘사한다.

5:6 너희가 그 의인을 정죄하고 죽였으나, 그분은 너희에게 대항하지 아니하시느니라.

7 그러므로 형제들아, 주께서 오실 때까지 인내하라. 보라, 농부가 땅에서 나는 귀한 열매를 바라고 이른 비와 늦은 비를 받을 때까지 오래 참나니

8 너희도 인내하며 마음을 견고케 하라. 주의 오심이 가까움이라.

『너희가 그 의인을 정죄하고 죽였으나, 그분은 너희에게 대항하지 아니하시느니라』(6절).

3절에서 **『재물을 쌓았도다』**("have heaped treasure together")라든가, 4절에서 **『밭에서 추수한 일꾼들』**("the labourers who have reaped down"), 5절에서 『**살며**』("have lived"), 또는 『**살찌게 하였도다**』("have nourished"), 그리고 또 여기 6절에서 『**정죄하고 죽였으나**』("have condemned and killed") 등에서 보듯이 야고보는 현재완료 시제로 된 서술법을 사용함으로써 대환란 시대에 있게 될 미래의 모든 상황들을 이미 지금까지 행해져 온 과거사인 것처럼 표현하고 있거니와, 이 역시 대환란의 임박성을 생생하게 나타내기 위한 그 특유의 서술법이다.

『**너희가 그 의인을 정죄하고 죽였으나, 그분은 너희에게 대항하지 아니하시느니라.**』

요한계시록 13장 등에서 보듯이 "용"에게서 3년 6개월 동안 활동할 능력과 권세를 받은 "짐승"이 바다에서 올라와 하나님을 모독하고 그의 성막과 하늘에 거하는 자들을 모독하며, 성도들과 싸워 이기고 지상의 모든 족속과 민족들을 압제하고, 또 다른 짐승이 땅에서 올라와 이적들을 행하면서 사람들을 미혹하고 형상을 만들어 경배하게 하며, 모든 사람들의 이마에 표를 받게 하고는 모든 경제 활동을 강권적으로 통제하게 되는데, 그런데도 대환란 후반기 3년 6개월 동안 주님께서는 "짐승"의 그러한 악행에 대항하지 않고 내버려두신다.

『**그러므로 형제들아, 주께서 오실 때까지 인내하라. 보라, 농부가 땅에서 나는 귀한 열매를 바라고 이른 비와 늦은 비를 받을 때까지 오래 참나니**』(7절).

이 구절에서도 역시 『**주께서 오실 때까지 인내하라.**』는 말씀에서 이 부분이 그리스도의 재림 관련 구절임을 명백하게 시사한다.

여기서 『**농부**』(husbandman)란 주님을 일컫는데, 그 다음에 이어지는 말씀에 주목하라. 『**땅에서 나는 귀한 열매를 바라고 이른 비와 늦은**

비를 받을 때까지 오래 참나니』. 이처럼 성경은 주님의 재림을 언급할 때 『**비**』에 대한 언급을 흔히 수반하는데, 주님께서 재림하시기 직전에 『**비**』가 내리리라는 것이 성경의 가르침이다. 비가 내리되, 한 달 동안은 족히 내릴 것이고, 보통은 두 달 동안 내리는 것으로 서술하거니와, 이러한 서술은 요엘 2장을 위시하여 호세아 6장, 열왕기상 18장, 사무엘하 23장 등 성경 곳곳에서 발견된다.

이른 비와 늦은 비는 같은 달에 내린다(욜 2:23). 비록 3,000년 동안 둘 사이에 6개월이라는 시간 간격이 있었다 할지라도 재림 때에는 아무것도 그것들을 분리시키지 않는다. 이 비들은 3년 6개월의 가뭄(계 11:6, 약 5:17, 왕상 17:1) 뒤에 시편 68:9과 사무엘하 23:4, 열왕기상 18:45에서 내린다. 엘리야가 비를 쏟아지게 한다(계 11:6, 약 5:18). 『**주께서 오실 때**』(7절)는 명백히 재림이며, 자격 있는 "왕"께서(삼하 23:3-5) 그 폭우가 내린 "뒤에" 모습을 나타내실 것이다(호 6:3).

『**땅에서 나는 귀한 열매**』는 대환란이 막 끝날 즈음 『어린양께』 맺혀지는 『**첫열매들**』(계 14:4)로서 유대인들이다. 그들은 요한계시록 14:15,16에서 (그리스도의 몸이 아닌) 『**땅에서**』 난다. 그것은 UN이 『**독보리**』(마 13:30)로서 파삭파삭하게 불태워지기 전(슾 3:8, 살후 2:7-9, 마 13:40) 저 "위쪽" 『**창고에**』 곧장 올라가는 『**알곡**』일 것이다(마 3:12).

그러나 ASV를 싸고돌며 모든 "현대판" 가짜 성경들 언저리를 맴돌고 있는 세일러언, 키엘비숍, 림세이 같은 학자들은 한결같이 이런 부분들에서 헛다리를 짚고 넘어지는 것을 우리가 보는데, 그럴 수밖에 없는 것이 오직 <킹제임스성경>만이 이들 가짜 성경들이 놓치고 있는 진리들을 하나도 빼놓지 않고 계시하고 있기 때문이다. 그러므로 <킹제임스성경>을 내던지고 다른 역본들을 집어든 학자들이 이런 진리들을 보지 못하는 것은 오히려 당연하다.

자, 그럼 호세아 6:1부터 여기에 관련되는 부분들을 아주 주의 깊게 읽고 살펴보도록 하자.

『**오라, 우리가 주께로 돌아가자.**』 그야말로 기도의 말씀이다.

『**이는 그가 찢으셨으나...**』 교회 시대를 말한다.

『**우리를 낫게 하실 것이요,**』 천년왕국 시대의 일이다.

『**그가 치셨으나**』 다시 교회 시대다.

『**우리를 싸매어 주실 것임이라.**』 다시 천년왕국 시대이다.

그 다음 2절을 보자.

『**이틀 후에**』, 2천 년 동안 계속된 교회 시대가 다 지난 후를 말한다.

『**그가 우리를 살리시며**』, 부활이다.

『**셋째 날에 그가 우리를 일으키시리니**』, 2천 년 교회시대가 지나면 부활이 있을 것이다. 고린도전서 15장이나 데살로니가전서 4장 등에서 이것이 재확인된다.

『**우리가 그의 목전에서 살리라.**』 천년왕국 시대가 된다.

계속해서 3절을 보자.

『**만일 우리가 계속 주를 알고자 하면 그때 우리가 알게 되리라.**』 그 다음을 주의해서 읽어 보라. 『**그의 나오심은 아침처럼 마련되어 있으며 그는 우리에게 비처럼 오시리니, 땅에 내리는 늦은 비와 이른 비처럼 오시리라.**』

이번에는 열왕기상 18장을 보자.

여기에 엘리야가 등장하고 있다. 지금 우리가 읽고 있는 야고보서 5장에서 엘리야에 대해서 언급하고 있는 점을 주목하라. 『**엘리야는**

우리와 같은 성정에 속한 사람이지만, 비가 오지 않기를 간절히 기도하였더니 삼 년 육 개월이나 땅에 비가 오지 않았고, 다시 기도하였더니 하늘이 비를 내려 땅이 열매를 내었느니라』(17,18절).

사실이 그러했다.

『**길르앗 거민에 속한 티셉인 엘리야가 아합에게 말하기를 "내가 그 앞에 서서 섬기는 이스라엘의** 주 하나님**께서 살아 계시거니와 내 말이 없으면 수년 동안 이슬도 내리지 않겠고 비도 오지 아니하리라." 하니라... 얼마 후 그 땅에 비가 오지 아니하므로 그 시냇물이 마르더라**』(왕상 17:1-7).

이렇게 되어 그후 3년 반 동안 비 한 방울 오지 않았다.

그런 다음에는 또 어떻게 되었는가?

『**엘리야가 아합에게 말하기를 "올라가서 먹고 마시소서. 많은 비 소리가 있나이다." 하니 아합이 먹고 마시러 올라가더라. 엘리야도 칼멜 산 정상으로 올라가서 땅에 엎드려 그의 얼굴을 무릎 사이에 넣고 그의 종에게 말하기를 "이제 올라가 바다를 향해 보라." 하자 그가 올라가 바라보고 말하기를 "아무것도 없나이다." 하는지라 엘리야가 말하기를 "일곱 번 다시 가라." 하더라. 일곱 번째에 그가 말하기를 "보소서, 바다에서 사람의 손만한 작은 구름이 떠오르나이다." 하니... 잠시 후에 하늘이 구름들과 바람으로 캄캄해지고 큰 비가 내리는지라...**』(왕상 18:41-45).

3년 반 동안의 긴 가뭄이 시난 끝에 엘리야가 『**그의 얼굴을 무릎 사이에 넣고**』 기도했더니 『**큰 비가**』 내렸다. 엘리야의 종이 바다를 향해 보기 위해 가기를 몇 번 했는데, 몇 번째에 비가 내렸다고? 『**일곱 번째**』이다. 이것은 7년 대환란을 나타낸다. 대환란이 끝나면 이처럼 『**큰 비**』가 내린다. 이와 같이 새림을 예언하는 관련 구절들 어디서나 『**비**』를 어급하고 있음에도 올바른 성경의 권위를 부인하는 자들은 이것을 발견하지 못한다. 성경 말씀들을 성경 말씀들로 서로 대조하여 명석하게 해석해 줌으로써 성경 원문의 본래 의미를 환히 밝혀 놓는 것은 역시 <킹제임스성경>뿐이다. 이것은 비단 한 가지 예에 지나지 않는다. 바른 성경인 <킹제임스성경>을 내가 붙들고 있는 한 나는 그 어느 한 가지 사례도 놓치지 않는데, 그것은 내가 무엇 하나라도 놓치는 날에는 주님께서 그것을 아시고 나에게 가르쳐 주시기 때문이다.

이번에는 요엘 2장으로 가보자.

『**너희 시온의 자녀들아, 그때에 즐거워하고** 주 **너희** 하나님을 **기뻐하라. 이는 그가 이른 비를 너희에게 적절히 주셨으며, 또 그가 너희를 위하여 비를 내려 주시되 이른 비와 늦은 비를 첫째 달에 내리게 하실 것임이라**』(욜 2:23).

이 구절에서 『**이른 비를 너희에게 적절히 주셨으며,**』라는 말씀은 철 따라 내리는 보통 비를 말한다. 그리고 "미래에" 또 비를 내려 주실 것인즉, 『**이른 비와 늦은 비를**』 내려 주시는데, 『**첫째 달에**』 즉 유대력으로 "아빕 월"(출 12:1-28, 신 16:1)이라고도 하는 3,4월에 동시에 내려 주실 것이라고 언급한다. 이 구절을 놓고 오순절파 은사주의자들이 얼마나 엉터리로 갖다 붙이는지 아는가? 그들은 이 구절에서 언급하는 『**이른 비**』가 사도행전 2장의 오순절 성령 강림을 말하고, 『**늦은 비**』는 20세기의 "성령 운동"을 말한다고 억지를 부린다. 『**이른 비와 늦은 비를 첫째 달에**』 함께 내리게 하실 것이라고 본문이 분명히 말씀하고 있는데도 말이다. 이 얼마나 정신 나간 자들의 얼간이 소리란 말인가! 오순절 운동을 한다는 은사주의자들은 이처럼 성경을 전적으로 부인하고 부정하는 자들이다. 하나님의 말씀을 사실대로 받아들이기를 거부하는 자들이 영적 소경이 되어 말씀을 엉망으로 헝클어 놓고 만다는 것은 바로 이런 것을 두고 하는 말이다.

그럼 이번에는 또 사무엘하 23장을 보자.

『**주의 영이 나를 통하여 말씀하셨으니, 그의 말씀이 내 혀에 있었도다**』(삼하 23:2). 다윗에게도 주님의 재림에 대한 계시가 주어졌고 그는 그 계시대로 이것을 예언하게 된다.

『**이스라엘의** 하나님**께서 말씀하셨으며, 이스라엘의** 반석**께서 내게 이르시기를 '사람을 다스리는 자는 공의로워야 하며 하나님을 두려워함으로 다스려야 하는도다**』(삼하 23:3).

이 구절에서의 『**이스라엘의** 반석』이란 주님의 재림을 이야기하는 신명기 32장에서의 『**그분은** 반석**이시며**』(신 32:4)라는 어구와 정확하게 맥을 같이 하면서 『**공의**』로 통치하실 재림의 그리스도, 메시아 왕을 제시한다.

『**그리하면 그가 해 돋을 때의 아침 빛같이 되리니, 곧 구름 없는 아침 같겠고, 비 온 후에 맑게 반짝임으로 땅에서 돋아나는 연한 풀잎 같으리라.' 하셨도다**』(삼하 23:4).

성경은 가끔 무엇인가 중요한 사항을 언급할 경우 "as" 또는 "like"라는 전치사를 사용하여 "~처럼," "~같이"라고 서술함으로써, 그 중요한 내용을 쉽게 이해하도록 조명해 주고 있다. 이것은 중요한 계시를 해주실 때마다 흔히 사용하시는 하나님 특유의 비유법이다. 『**내가 또한 선지자들을 통하여 말하였고 내가 환상들을 많이 늘렸으며, 선지자들의 사역을 통해서 비유를 사용했노라.**』(호 12:10)고 주님께서는 말씀하신다.

자, 그럼 사무엘하 23장의 이 말씀은 무슨 말인가? 재림하신 주님께서 아침 『**해**』처럼 빛나시되, 그 맑은 아침이 마치 『**비**』가 온 뒤의 맑은 햇빛을 받으며 돋아나는 새싹과도 같으리라고 묘사하고 있는 것이다! 이처럼 『**해**』로 묘사되는 그분의 재림과 『**비**』는 밀접한 관련을 갖는다.

한 군데 더 보자. 이번에는 시편 68편이다.

시편 68편은 그 전체가 주님의 재림에 대하여 위대한 교리를 장엄하게 펼치고 있는 장이다. 가령, 『하나님**께서는 그의 원수들의 머리를 상하게 하시리니**』라는 21절의 언급에서 적그리스도가 상처를 입게 된다든지, 『**군대의 왕들이 급히 도망을 치니**』라는 12절의 언급에서 적그리스도의 군대가 아마겟돈에서 패망하는 장면이라든지, 『**내가 내 백성을 깊은 바다에서 다시 데려오리라.**』는 22절에서 휴거를 언급하고 있다든지, 『**네 발이 네 원수들의 피에 잠기고**』라는 23절에서 다시 아마겟돈의 참상을 묘사한다든지 하는 것 등이 모두가 재림 관련 구절들임을 우리는 어렵지 않게 알 수 있다.

『**땅이 진동하며 하늘들도** 하나님**의 면전에서 떨어지고 시내 산도** 하나님, **곧 이스라엘의** 하나님**의 면전에서 요동하였나이다.**』라는 8절 말씀 역시 그리스도의 재림 장면을 묘사하고, 『**오** 하나님**이여, 주께서 주의 백성들 앞에 나가시어 광야를 질러 행진하실 때 셀라,**』라는 7절 역시 예외가 아니다. 그런데, 이처럼 그 전체가 재림을 묘사하는 가운데 또 『**오** 하나님**이여, 주께서는 흡족한 비를 내리시어...**』(9절)라고 어김없이 또 한 번 『**비**』에 대해 언급한다.

그러므로 『**보라, 농부가 땅에서 나는 귀한 열매를 바라고 이른 비와 늦은 비를 받을 때까지 오래 참나니**』(7절)라는 말씀은 가까이 다가온 『**주의 오심**』으로 예증된다. 다음 8절을 보라.

『**너희도 인내하며 마음을 견고케 하라. 주의 오심이 가까움이라**』(8절).

『**주의 오심이**』 가까운즉, 어떻게 하라고 권면하는가? 『**마음을 견고케 하라.**』 즉, 마음을 단단히 먹고 인내하라고 충고한다. 앞에서도 언급한 것처럼 야고보는 주의 재림이 실질적으로 아주 가까이 임박했음을 역설하고 있다. 주님께서 다시 오시는 것이 이처럼 코앞에 닥쳤다고 보고 야고보는 실제적인 삶의 자세에 대해 역설하고 있는 것이다.

5:9 **형제들아, 정죄받지 않으려거든 서로 원망하지 말라. 보라, 심판하시는 분이 문 앞에 서 계시느니라.**
10 **나의 형제들아, 주의 이름으로 말한 선지자들을 고난과 인내의 본으로 삼으라.**
11 **보라, 우리는 견디어 내는 자들을 복 있는 사람들로 여기나니, 너희가 욥의 인내를 들었고 또 주의 결말을 보았거니와, 주는 인정이 심히 많으시고 자비로우시니라.**
12 **나의 형제들아, 무엇보다도 맹세하지 말라. 하늘로도 말고 땅으로도 말며, 어떤 다른 맹세로도 말지니라. 다만 너희는 '예'할 것은 '예'하고, '아니라'할 것은 '아니라'하여 정죄에 빠지지 않도록 하라.**

『**형제들아, 정죄받지 않으려거든 서로 원망하지 말라. 보라, 심판하시는 분이 문 앞에 서 계시느니라**』(9절).

"부자들"에게 떨어졌던 『**정죄**』가 지금은 대환란 때의 유대인들에게 적용되는 것에 주목하라. 『**형제들아, 정죄받지 않으려거든**』(9절). 『**너희는... 정죄에 빠지지 않도록 하라**』(12절). 『**형제들아... 우리가 더 큰**

정죄를 받을 줄 앎이니라』(3:1). 이것은 "행위"가 대환란 때의 구원의 일부분임을 독자들에게 계속 상기시켜 준다(히 3:6,14, 계 12:17; 14:12 등). 본문의 경우에는 맹세하는 것(12절)과 『**형제들**』에게 원망하는 것이다.

『**형제들아, 정죄받지 않으려거든 서로 원망하지 말라. 보라, 심판하시는 분이 문 앞에 서 계시느니라**』(9절).

영적으로 보면, 성경에서 주님의 재림을 언급하는 구절이 나올 때에는 언제나 그와 관련하여 그리스도인의 실제적인 생활 자세가 어떠해야 하는가에 대한 충고가 뒤를 잇는 것을 알 수 있다. 그래서 주님의 재림에 관한 언급이 나올 때마다 우리는 그것이 단순한 교리에서 끝나는 게 아니라 매우 실속 있는 삶으로 연결된다는 점에 주목하지 않으면 안 된다. 이를테면, 『**이는 현재의 고난들이 우리에게 나타나게 될 영광에 감히 비교되지 못한다고 내가 여기기 때문이라.**』(롬 8:18)는 말씀이나 『**이는 우리가 잠시 받는 가벼운 환난이 우리를 위하여 훨씬 뛰어난 영원한 영광의 비중을 이루어 가기 때문이라.**』(고후 4:17)는 말씀 등에서 이런 점이 아주 잘 나타난다. 주님의 재림은 임박했다. 그러나 그렇다고 해서 염려할 게 아니라 오히려 기뻐하라고 성경은 말씀한다.

빌립보서를 읽으면서도 우리는 주님의 재림과 함께 이루어질 일들을 내다보며 『주 **안에서 항상 기뻐하라. 내가 다시 말하노니 기뻐하라.**』(빌 4:4)고 바울이 역설하고 있는 말씀에서 현실적인 삶과 관련하여 실제적으로 고무되지 않을 수가 없다. 『**주의 오심**』으로 말미암아 우리의 실제적인 삶이 『**기쁨**』이라는 실속으로 가득 차게 되는 것이다.

『**정죄받지 않으려거든 서로 원망하지 말라.**』 이 구절에서는 지금 당신이 그럴 여가가 없다고 언급한다. 주님의 다시 오심이 하도 가까이 임박했기 때문에, 그런 것 말고도 해야 할 일들이 태산 같은즉, 시시하게 남에게 원한이나 품고 앉아 있을 새가 없고, 또 원한을 품은들 그 원한을 풀 수 있는 기회가 당신에게 오지도 않는다는 말이다. 왜? 주님의 재림이 코앞에 임박해 있기 때문이다.

주님의 재림에 관한 교리는 우리에게 실속 있는 삶을 촉구한다는 점에서 중요하다. 그래서 성경은 다음과 같이 말씀하고 있다.

『**사랑하는 자들아, 이제는 우리가** 하나님의 **아들들이라. 우리가 어떻게 될 것인지는 아직 나타나지 아니하였으나 그가 나타나시면 우리가 그와 같이 되리라는 것을 아노니, 이는 우리가 그분 그대로 그분을 볼 것이기 때문이라. 그분 안에서 이 소망을 가지는 사람은 누구나 그분이 정결하신 것처럼 자신을 정결케 하느니라**』(요일 3:2,3).

우리가 실제적인 삶 가운데서 자신을 정결케 하고, 참고 인내하며, 기뻐하고, 또 여기 9절에서처럼 다른 사람에게 원한을 품지 않는 것 등이 모두 주님의 재림에 그 동기가 있는 것이다. 주님의 재림은 이처럼 가치 있는 일들을 가능케 하는 교리인 것이다. 혹자는 주님의 재림을 둘러싸고 논쟁을 벌이는 것은 속절없는 일이라고 말하기도 하지만, 이 세상에서 그리스도의 재림에 대한 교리만큼 실속 있는 교리도 또 없다는 것을 알아야 한다.

『**보라, 심판하시는 분이 문 앞에 서 계시느니라.**』 심판관이 이미 문 앞에 당도해 있다고 말씀한다. 시시비비를 다 알고 계신 심판주께서 문 앞에 와 계신 판에 내가 나쁜 사람에게 원한을 품고 있다고 한들 무슨 소용이 있단 말인가? 옳고 그른 것이야 그분께서 알아서 적절히 처리하실 일이다. 원한을 품고 있다가는 되레 내가 그분께 혼날 판이다.

『**서로 원망하지 말라.**』 앞에서도 이미 언급한 것처럼 이것은 다른 사람에게 원한, 즉 앙심을 품지 말라는 뜻이다. 그리스도인이면서 앙심을 품는 것이야말로 정말이지 못할 짓이다. 그럼에도 불구하고 남에게 앙심을 품고 있는 그리스도인들이 적지 않다는 것은 유감스러운 일이다.

나는 아주 오래 전 미친개한테 물리는 바람에 광견병에 걸려 10년 동안이나 고생하다가 죽게 된 그리스도인 한 사람을 보았다. 그는 개한테 물리고 나서 죽게 되기까지 개만 보면 자기가 되레 미친개로 변하여 아무 죄도 없는 다른 강아지를 발길로 걷어찼는데, 실은 그의 마음속 깊이 파고든 원한이 그 정도에서 끝난 게 아니었다. 그는 광견병으로 이제 자기가 얼마 더 살지 못하게 된 것을 의사를 통하여 알게 된 날 집으로 돌아오자마자 급히 종이와 연필을 꺼내어 많은 사람들의 이름을 죽 적어 내려가기 시작했다. 왜 그러는 것인지 나중에 알고 보니, 자기가 죽기 전에 서둘러 찾아가 미친개처럼 물어뜯어서 광견병을 전염시켜 주어야겠다고 앙심을 품고 있던 사람들의 목록이었다.

다른 사람들에게 앙심을 품고 있는 그리스도인의 예화는 이것 말고도 또 아주 많은데, 여기 한 어린 그리스도인 소녀 이야기가 있다. 이 소녀는 어느 날 저녁 예배 도중 기도하다 말고 갑자기 기도를 멈추더니 "하나님 죄송해요. 잠깐 지미 녀석 엉덩이를 걷어차고 오겠어요." 하고는 자리에서 일어나 지미가 앉아 있는 뒷좌석으로 가서 그 아이를 발길로 냅다 걷어차는 것이었다. 아마 지미란 녀석이 뒤에 앉아서 이 소녀의 머리카락을 만지작거렸거나 아니면, 등을 툭툭 쳤거나 했던 모양인데, 소녀는 기도 시간을 이용하여 그에 대한 보복을 감행했던 것이다.

뒤에서 건드린 것이 아무리 화가 났기로서니 무슨 운동 경기를 하고 있는 것도 아닌데 제멋대로 "타임아웃"을 부르고 예배를 멈춘다는 것은 그야말로 말도 안 되는 짓이다. 하지만, 가만히 관찰해보면, 그리스도인이면서 일상생활 중 하나님과 동행하는 모범적인 삶을 사는가 싶었는데, 어느 날 갑자기 제멋대로 "타임아웃"을 부르고는 하나님과 동행하던 길에서 벗어나 엉뚱한 짓을 자행하는 경우가 적지 않은 게 사실이다.

나는 지금 그리스도인이 싸워서는 안 된다고 말하고 있는 게 아니다. 그리스도인이라면 옳은 일을 위해서 남보다 더 싸워야 한다. 그리스도인이라면 진리를 위하여 진리를 대적하는 자들과 피 터지게 싸워야 한다는 게 내 지론이다. 마땅히 복음을 전파하고 진리를 알리기 위해서라면 그리스도인은 세상을 가차 없이 질타해야 하고, 진리를 왜곡하는 자들을 사정 볼 것 없이 책망해야 한다. 그리스도인이야말로 세상 죄인들이 함부로 여기지 못하도록 항상 강력한 힘을 과시할 필요가 있다. 그러나 아무리 그렇더라도 그리스도인이 걸어가야 할 정도를 벗어나서까지 사람들을 뒤쫓아 가 그들의 뒷덜미를 잡는 행동은 삼가야 한다는 게 내 충고이다. 그런 자들은 주님께서 처리하시도록 내버려두라. 그런 자들을 주님께서 어떤 방식으로 어떻게 처리하실는지는 아무도 모른다. 나는 하나님의 말씀과 진리를 수호하기 위하여 지난 수십 년간 그야말로 머리가 터지도록 싸워온 사람이다. 그러나 한 번도 정도에서 벗어나 보지는 않았다. 나라고 해서 정도에서 벗어나 누구인가 뒤쫓아 가서 있는 힘을 다해 발길로 냅다 걷어차 주고 싶은 자들이 없었던 게 아니다. 솔직히 말해서, 나도 어떤 고약한 자에 대해서 어찌나 원한이 사무쳤던지 누가 그 자를 제발 살해해 주지나 않을까 바라면서 6년이나 지켜 본 적도 있었다. 하지만, 나는 스스로 자제하고 그런 자들을 주님께 맡겨 드린 뒤, 그만 잊어버리기로 했다. 주님께서 그 이후 그 자를 어떻게 처리하셨는지 나는 모른다. 그것은 벌써 17년 전의 일이다.

아무튼, 이 구절에서 다른 사람에게 앙심을 품지 말라는 것은 이런 뜻에서 하는 말이다. 지금은 앙심을 품고 있을 겨를이 없는 것이다. 앙심을 품은들 원한대로 그들을 좇아가 어떻게 한 방 먹일 만한 여가가 없다. 심판주이신 우리 주 예수 그리스도께서 문 앞에 당도해 계시기 때문이다. 우리는 단지 그분을 맞이할 채비를 해야 할뿐이다.

『**나의 형제들아, 주의 이름으로 말한 선지자들을 고난과 인내의 본으로 삼으라**』(10절).

여기에서 『**선지자들**』이 제시되는 이유는 분명하다. 선별된 두 사람의 이름이 거명된다. 즉 『**욥**』과 『**엘리야**』이다. 구약 선지자들 가운데에는 대환란 때의 144,000명의 "유대인 복음 전파자들"을(계 7장) 예표하는 선지자가 네 명 있다. 그들은 (바울이 그랬듯이) "이방인들"을 대상으로 사역했다. 그 선지자들은 예레미야(그가 예레미야 1:5에서 선지자로 임명받아 예레미야 25,46-50장에서 그 일을 수행하는 것을 참조하라)와 요나, 에스겔, 다니엘이다. 『**달을 채우지 못하고 태어난 자**』(고전 15:8)로 묘사되는 바울은 그의 사역이 "환란 전"인 것으로 판명된다(롬 15:16-19). 우리는 이방인들이 "두 번" 불러냄을 받는다는 사실을 결코 잊어서는 안 된다(행 15:14,17).

야고보는 "바울을 본으로 따르라"고 당신에게 말하는 것을 의도적으로 피한다. 바울은 주저 없이 스스로를 "형제들을 위한 본"으로 제시함에도(딤전 1:16, 고전 11:1, 빌 4:9) 야고보는 그렇게 하지 않는다. 야고보는 왜 신약의 그리스도인에게 "율법 하에 있는" 구약의 유대인을 "본"으로 삼으라고 말하는 것일까? 답은 간단하다. 야고보서의 저자는 (갈라디아서 1:19의 『**주의 아우인 야고보**』가 아니라) 세베대의 아들 야고보이기 때문이다. 그는 그의 서신을 정확히 A.D. 40년경에 쓰고 있었다. 그때 바울의 이름은 회심하기 전의 이름인 "사울"이었다.

『**보라, 우리는 견디어 내는 자들을 복 있는 사람들로 여기나니, 너희가 욥의 인내를 들었고 또 주의 결말을 보았거니와, 주는 인정이 심히 많으시고 자비로우시니라**』(11절).

같은 구절에서 『**견디어 내는**』(endure)과 『**결말**』(end)이 동시에 등장한다. 마태복음 24:13과 히브리서 3:6,14, 다니엘 12:6,8,9,13, 마태복음 10:22, 마가복음 13:13을 읽어보라. 그것은 "대환란" 구절이다.

이 대환란 구절에서 욥이 선별된 이유는 욥기의 전체 42"장"이 대환란의 42"개월"에 해당되기 때문이다. 요한계시록 11:2,3; 12:6-14; 13:5을 보라. 야고보서에서 욥이 선별된 이유는 그 이름의 뜻이 "박해받는 자"이기 때문인데, 대환란 때 이스라엘은 "사탄"에게 직접 박해를 받는다(계 12:13). 말하자면 사탄이 "욥의 상황을 관리하는" 것이다. 욥은 장차 유대인들이 박해당할 곳에서 살고 있었는데(애 4:21, 욥 1:1), 그곳은 재림의 경로에 위치해 있다(합 3:1-3, 신 33:2, 애 4:21, 사 34:6-8).

주님께서는 42개월의 "끝"에 욥의 "죽은 자녀들"의 "부활"을 첨가해 놓으셨는데(욥 42장), 정확히 42개월의 끝에 한 부활이 있게 될 것이다(계 20:1-4, 겔 37장). 모든 주석가들이 "모든 참조 구절들"을 놓쳤기 때문에, 그들 눈앞에 있는 『**욥의 사로잡힘을 돌이키셨고**』(욥 42:10)라는 말씀을 다루지 못했다. 이 표현은 성경 어디에서도 어떤 병든 사람이 치유받는 것에 관해 사용되지 않는다. 성령께서는 대환란 끝에 있을 "이스라엘의 회복"에 관하여 그 표현을 사용하신다(신 30:3, 시 14:7; 85:1; 126:1,4, 렘 31:23, 32:44, 33:1,26, 욜 3:1, 습 3:20).

『**보라, 우리는 견디어 내는 자들을 복 있는 사람들로 여기나니, 너희가 욥의 인내를 들었고 또 주의 결말을 보았거니와, 주는 인정이 심히 많으시고 자비로우시니라**』(11절).

야고보는 10절에서 선지자들을 기억하되, 『**고난과 인내의 본으로 삼으라.**』고 권면했고, 여기 11절에서는 그 선지자들이 당했던 『**고난과 인내**』의 예를 들기 시작한다. 그는 『**너희가 욥의 인내를**』 들어서 다들 잘 알고 있다고 말한다. 뿐만 아니라 『**주의 결말**』, 즉 주님께서 욥의 결말을 어떻게 맺어주셨는가에 대해서도 성경에서 읽고 잘 알고 있으리라고 말한다. 영어 <킹제임스성경>에서 『**주의 결말**』을 "the end of the Lord"라고 표기했다고 해서 여기서의 "of"가 목적격 전치사인 것으로 착각하지 않도록 주의하라. 이 "of"는 소유격이나 목적격 전치사가 아니라 의미상의 주어를 나타내는 주격 전치사다. 따라서 『**주의 결말**』이란 "주님께서 맺으신 결말"이란 뜻이지, 주님께서 끝장나셨다거나 주님을 끝장나게 했다는 뜻이 절대로 아니다. 고난을 참고 견뎌낸 욥의 생애의 끝을 주님께서(주격) 어떤 복으로 채워주셨는지는 당신도 잘 알 것이다.

영어에서 "of"라는 전치사가 목적격이 아니라 주격 관계를 나타내는 예는 여기 말고도 얼마든지 많다. 가령, 요한계시록 3:14에서 『**라오디케아인들의 교회의 천사에게 편지하라**. 아멘**이시요**, **신실하고 진실한 증인이시며**, 하나님**의 창조를 시작하신 분이 이 일들을 말씀하시느니라**.』라고 말씀한다. 여기서 『하나님**의 창조를 시작하신 분**』을 영어 <킹제임스성경>에서는 "the beginning of the creation of God"이라고 표기하고 있거니와, 여기서 "of God"의 "of" 역시 주격 전치사로서 "하나님께서 창조하신 것"이라는 의미를 나타낸다. 예수 그리스도께서는 하나님께서 행하신 그 모든 일들의 시작이셨다. 이 "of"를 목적격 전치사로 간주했다가는 마치 "하나님을 창조한 시작"이라는 뜻처럼 되어 대혼란이 야기되므로 주의해야 한다.

그 반면에 이 구절에서 "the beginning of the creation"의 "of"는 소

유격이나 주격 전치사가 아니라 목적격 전치사다. 따라서 이 어구는 무슨 "피조물의 맨 처음"이라든가 "창조의 시작"이라는 뜻이 아니라 "창조를(목적격) 시작하신 분"이라는 뜻이다. 그리하여 "the beginning of the creation of God"이란 곧 "하나님께서 창조를 하셨고, 그 창조를 시작하신 분이 곧 예수 그리스도이시다."라는 뜻을 나타낸다. 또, "the beginning of the creation"에서의 "of"를 만약 소유격 전치사로 간주했다가는 예수 그리스도가 마치 하나님께서 창조하신 최초의 "신"이나 되는 것처럼 오해를 불러일으키게 되므로 주의해야 한다.

『**너희가 욥의 인내를 들었고 또 주의 결말을 보았거니와**』. 이 구절은 고난을 견뎌내면 그 끝에는 기쁨이 찾아오게 된다는 잠언 같은 평범한 뜻 이상의 강렬한 의미를 담고 있다. 이것은 마태복음 24:13의 『**그러나 끝까지 견디는 자는 구원을 받으리라.**』는 말씀과 맥을 같이 한다. "욥"은 대환란 성도의 강력한 예표다. "욥"이라는 이름 자체가 "박해받는 자"라는 뜻이다.

욥은 마귀에게 박해를 당했다. 이것은 대환란 기간 중 마귀에게 박해받게 될 이스라엘의 모형이다. 처절한 고통 가운데서 그는 자기를 방문한 친구들과 함께 『**칠 일 낮과 칠 일 밤을 땅바닥에 앉아**』 있었다. 이것은 이스라엘이 7년 동안 겪게 될 대환란을 예표한다.

그는 사해 남쪽의 에돔에 있는 『**우스 땅**』(욥 1:1)에 살고 있었다. 이곳은 대환란 때 유대인 남은 자들이 피난 가 "빵"을 거둬들이게 될(애 5:9, 미 7:14) "페트라"라는 성읍으로서, 재림하시는 예수 그리스도께서 왕의 대로를 따라 오실 곳이다(민 21:22). 욥기는 모두 42장으로 돼 있다. 이것은 대환란 후반기 42개월, 즉 3년 반을 나타낸다.

욥기 말미에서는 그의 아들딸들이 부활한다. 이것은 대환란 최종 순간에 있게 될 환란 성도의 부활의 그림이다.

또 욥은 고난이 끝난 뒤 과거보다 두 배의 복을 받는다. 이 역시 대환란이 끝나면 유대인들이 누리게 될 두 배의 복을 나타낸다.

이처럼 욥은 대환란과 밀접한 관련이 있는 인물이다. 그런데 야고보는 여기 11절에서 이러한 『**욥의 인내**』를 거론하면서 그 결말을 주님께서 어떻게 만들어주셨는지를 유대인들이 모두 안다고 말한다. 말하자면, 장차 있게 될 미래의 일들을 과거사에 빗대어 예언하고 있는 것이다. 그래서 이 구절은 인내 다음에 찾아오게 될 행복을 이야기하는 일반적인 내용 이상의 무엇인가를 가리키고 있는 것이다. 야고보는 지금 대환란을 언급하고 있다는 얘기다.

『**너희가 욥의 인내를 들었고 또 주의 결말을 보았거니와, 주는 인정이 심히 많으시고 자비로우시니라.**』 이 구절에서 욥의 인내와 주님께서 그에게 베푸신 복된 결말을 언급하면서 "죄"에 대한 언급은 한 마디도 없다는 데에 주목할 필요가 있다. 사실인즉, 신약에서 구약 성도들을 언급할 경우, 그들의 죄에 대해서는 한 마디도 거론하지 않는게 통례이다. 이것은 다음 17절에서 엘리야를 거론하면서도 마찬가지다. 엘리야는 과연 하나도 죄를 짓지 않은 선지자였던가? 열왕기상 19장을 보라. 『**그러나 자신은 광야로 하룻길을 갔으니, 그가 향나무 아래로 가서 앉아, 죽기를 구하여 말하기를 "이것으로 족하오니, 오 주여, 이제 내 생명을 취하소서. 내가 내 조상들보다 낫지 못하나이다." 하더라**』(왕상 19:4).

이것을 보면, 엘리야는 한때 절망 상태에 빠져 자살을 기도했다는 것을 알 수 있다. 그런데도 신약에서는 구약 성도의 이러한 죄에 대해서는 언급하지 않는다. 설사 언급한다하더라도 그것은 어떤 위대한 진리를 밝힐 필요가 있을 때만 언급한다. 이것은 하나님의 독생자이신 예수 그리스도께서 십자가에서 흘리신 피로 모든 죄가 깨끗케 되었다는 새롭고도 위대한 교리적 진리를 예증한다.

신약에서 다윗에 대해 언급할지라도 그의 간음에 대해서나 그의 살인 행위에 대해서, 또는 그가 한때 미친 사람 행세를 했던 데 대해서 한 마디라도 언급하고 있는 데가 있는가?

다윗이 한때 미친 척 했던 일을 기억하는가? 다윗이 사울왕이 두려워 가드 왕 아키스에게로 도망하였을 때, 사람들이 자신의 정체를 알아보자 겁을 먹고는 『**다윗이 그들 앞에서 그의 행동을 바꾸어 그들의 수중에서 미친 체하고, 대문짝을 긁적거리며, 수염에 침을 흘린 채**』(삼상 21:13) 있는 바람에 목숨을 건지기는 했지만, 하나님께 의지해야 될 사람이 무서워 이런 짓을 자행했나. 말하자면, 미친 사람 행세를 하느라 "우블루브르브르브르불루..." 하면서 머저리 짓을 한 그가 과연 용감하고 담대해야 될 하나님의 사람다운 태도였던가? 아무리 존경할 만한 위인이요, 믿음의 모범을 보였던 성도라 할지라도 구약에서는 모든 사람들의 비열하고 더러운 면모를 숨김없이 낱낱이 밝히기를 서슴지 않는다. 왜? 아닌 게 아니라 더럽기 때문이었다. 성경은 원체 정직한 책인지라, 더러운 것을 보고 더럽다고 밖에는 말할 줄을 모른다. 하나님에 대해서 뿐만 아니라 인간에 대해서 이야기하고 있는 성경은 인간의 비도덕적인 면모들을 남김없이 들춰내기를 조금도 주저하지 않는다. 그렇다고 성경이 고약한 책이라고 할 수 있는가?

그러나 신약에서는 구약 성도들의 이처럼 더러운 면모에 대해서는 언급하지 않는다. 그러나 이것은 단순히 그들의 더러움을 숨기거나 변호하기 위해서가 아니다. 신약에서는 그들의 더러움이 그리스도의 보혈로 깨끗이 씻겨졌기 때문이다. 구약에서는 분을 참지 못한 모세의 죄에 대해 언급한다. 그러나 신약에서는 모세의 그런 죄에 대해서는 한 마디의 언급도 없다. 늙은 아브라함에게 아들을 주시겠다고 주님께서 천사들을 통해 말씀하시자 사라는 농담이 지나치다고 여겼던지 웃고 만다. 하지만, 신약에서는 그것을 탓하지 않는다. 신약은 이처럼 죄에 대해서는 관대하다.

그러나 믿음에 대해서만큼은 강경하기가 이를 데 없는 게 또 신약이다. "하나님께 영광을!"이라고 말할 때 만약 당신이 비웃기라도 하는 날에는 신약은 당신을 아주 엄하게 다스린다. 당신이 구원받은 그리스도인이라면, 지난날의 죄에 대해서는 염려할 필요가 없다. 이미 주 예수 그리스도께서 흘리신 보혈로 당신의 모든 죄가 깨끗이 씻겨졌기 때문이다. 만약 그렇지 않고 하나님께서 구약에 기록된 대로 당신의 죄를 다루신다면, 당신은 국물도 없다. 그러나 그리스도께서 당신의 죄를 위해 갈보리에서 피를 흘려 놓으신 지금에 이르러 당신은 구약의 굴레에서 벗어날 수 있게 되었다. 당신이 설사 구원받은 뒤에 죄를 짓더라도 그분의 보혈에 의지하여 하나님께 죄를 자백하기만 하면 당신의 죄는 용서된다. 그러나 구원받은 당신의 믿음에 대해서만은 신약이 얼마나 강경한지 모른다. 당신이 믿음을 버릴 때, 비록 구원을 상실하지는 않을지언정, 당신에게는 돌아갈 상이 하나도 없게 되는 것이다.

『**너희가 욥의 인내를 들었고**』. 당신은 정말 욥의 인내를 들어보았는가? 당신은 욥기를 읽어보았는가? 성경의 다른 책들도 다 마찬가지지만, 그 중에서도 욥기야말로 반드시 읽어야 할 책이다. 당신은 이 책에서 고난을 견뎌내는 그의 인내를 통하여 실로 배우는 게 한두 가지가 아닐 것이다. 욥기를 읽지도 않고 인내에 대해서 이러쿵저러쿵 논하지 말라. 그가 당한 고뇌의 깊이를 헤아려 그것을 다 기술하려면 타이프라

이터 한 대가 다 닳아 없어지도록 책을 쓰더라도 끝나지 않을 지경이다. 고난에 빠진 그를 위로한답시고 찾아온 세 친구들이 되레 욥의 죄를 들먹거리며 그를 저주하기까지 하는 장면에 이르러 최고조에 달하는 그의 고뇌에 대해 이야기하자면, 당신은 글을 쓰다 말고 분통이 터져 타이프라이터를 내동댕이쳐 버리고 말게 될 것이다.

욥은 더 할 수 없으리 만치 의로운 사람이었다. 이것은 하나님께서도 알고 계셨다. 그런데도 그는 마귀에게 말할 수 없는 박해를 당했다. 누구라도 그런 그를 놓고 비난할 수 있는 사람은 아무도 없다. 그런데도 그의 친구들은 욥더러 『**가난한 자를 압제하고... 자기가 짓지 아니한 집을 강제로 빼앗았음이라.**』(욥 20:19)든지, 『**까닭없이 네 형제의 저당물을 취하고 헐벗은 자의 옷을 벗겼음이니 네가 곤비한 자에게 마실 물을 주지 않았고 배고픈 자에게 빵을 주지 않았도다.**』(욥 22:6,7)라든지, 『**과부들을 빈손으로 보냈고 아비 없는 자들의 팔을 꺾었도다.**』(욥 22:9)라든지 하면서 사실무근한 죄들을 마구 뒤집어씌우며 정죄했을 때, 당신 같으면 어떻게 했을 것인가? 욥은 그런 그들에게 『**틀림없이 너희만 사람이요, 지혜가 너희와 함께 죽겠구나.**』(욥 12:2)라고 하면서 어처구니없어 할 뿐이었다. 실로 엄청난 인내가 아닐 수 없는데, 욥은 그런 사람이었다. 욥은 모진 일이나 속이 뒤집히는 쓰디쓴 말에 정말이지 잘도 참는 사람이었다. 오죽했으면 신약 성경에서까지 『**너희가 욥의 인내를 들었고**』라고 언급하고 있겠는가!

실로 이 세상 그 어떤 사람도 욥의 인내를 능가할 수 있는 인내심을 가질 수는 없으리라. 그러나 그랬기 때문에 하나님께서는 그에게 이전보다 두 배나 되는 큰 복을 내려주셨고, 죽었던 아들딸들을 모두 부활시켜 되돌려 주셨다. 우리는 욥의 결말을 보면서 『**주는 인정이 심히 많으시고 자비로우시니라.**』는 야고보의 말에 수긍하지 않을 수가 없다.

『**나의 형제들아, 무엇보다도 맹세하지 말라. 하늘로도 말고 땅으로도 말며, 어떤 다른 맹세로도 말지니라. 다만 너희는 '예'할 것은 '예'하고, '아니라'할 것은 '아니라'하여 정죄에 빠지지 않도록 하라**』(12절).

자, 야고보는 『**나의 형제들아, 무엇보다도...**』라는 말로 대환란 기간에 이스라엘이 지켜야 될 무엇인가에 대해 다시 역설하기 시작한다. 그가 역설하는 말들은 마태복음에 나오는 예수 그리스도의 산상 설교에 버금간다(마 5:34-37).

그는 먼저 『**무엇보다도 맹세하지 말라.**』고 말하면서 『**하늘로도... 땅으로도**』 맹세하지 말라고 역설한다. 가령, 걸핏하면 "My heavens!"("하늘에 맹세컨대!")라든가, "Heaven a day!"("하늘이 두 쪽 나도 결단코!")라든가, "My stars!"("하늘의 별들을 담보로 약속하건대")라거나, "My lands!"("제발 믿어주시오!")라든가, "Land's sake!"("땅이 꺼져도 결단코!")라든가, "Lands go to ocean!"("육지가 변해 바다가 되더라도!") 식으로 하늘이나 땅을 담보로 맹세를 함부로 남발하지 말라는 것이다. 왜 그래서는 안 되는가? 그래 보았자 그 맹세를 지키지 못할 게 뻔하기 때문이다.

구약에서 맹세는 스스로를 저주 아래로 집어넣는 일이다. 거기에는 당신이 맹세를 지키지 않을 경우 "저주받게" 될 것이라는 개념이 깔려 있다(겔 17:13,16,18,19, 느 10:29, 민 5:21; 30:10,13, 판 21:5 등).

『**다른 맹세로도 말지니라.**』 하늘과 땅 뿐만이 아니라 다른 어떤 것으로도 그것을 빙자하여 맹세하지 말라고 경고한다. 가령, "내 성을 가는 한이 있더라도!"라든가, "저 산이 무너지고 저 바다가 다 마르더라도!" 식으로 말하지 말라는 것이다.

『다만 너희는 '예'할 것은 '예'하고, '아니라'할 것은 '아니라'하여…』. 당신이 "예."하고 대답했으면, 그것은 정말로 "예."여야만 하고, 당신이 "아니오." 하고 대답했으면, 그것은 아닌 게 아니라 "아니오."를 의미하는 것이어야 한다. 또, "예."라고 말해야 할 경우 사실대로 "예, 그렇소." 라고 말하되, "하늘에 대고 맹세컨대 그렇소."라고는 말하지 말라는 것이다. 그리고 "아니오."라고 말해야 될 경우 사실대로 "아니오."라고 말하되, "내 손가락에 장을 지지시오." 따위처럼 말하지 말라는 것이다. 당신이 무슨 제안에 동의를 표하거나 어떤 일을 기필코 하겠다고 서약할 경우에도 그냥 "예, 그렇게 하겠소."로 끝나야지, "하늘이 두 쪽 나더라도 반드시 그렇게 하겠소."라든가, "하나님께 맹세코 그렇게 하겠소."라든가, "지옥에 가더라도 기필코 하겠소." 식으로는 말하지 말라는 것이다. 그 대신 당신이 "예."라고 말했으면, 그것은 정말로 "예"여야만 하고, "아니오."라고 말했으면 틀림없이 "아니오."여야만 한다는 것이다.

사람이 누구를 저주하거나 맹세를 나타낼 때 특히, 하늘이나 땅이나 그 밖의 어떤 것을 끌어다가 결의를 표명하는 수가 많은 데에는 그만한 이유가 있다. 가령, 사람들은 걸핏하면 "하늘에 맹세코 너를 그냥 놔두지 않겠다."라든가, "지옥에까지 쫓아가서라도 너를 괴롭히겠다." 따위처럼 말하기 좋아하는데, 사람이 이처럼 하늘이나 땅이나 그 밖의 무엇인가를 끌어다가 자신의 결의를 나타내는 것은 사람 자신에게는 아무런 권위가 없다는 것을 사실대로 반영한 것이다. 인간이 뭐라고 결단을 나타내고 결의를 표명하더라도 인간에게는 도무지 권위가 없는지라, 그것을 반드시 이행하리라는 보장도 없다. 그래서 인간은 하는 수 없이 어떤 높은 권위자를 빙자하기 마련인데, 특히 하늘이나 하나님을 빙자하여 결의 이행의 확실성을 보장하기 좋아한다. 사람은 자신이 하는 말에 좀 무게를 싣기 좋아하지만, 자기 자신에게는 그만한 권위나 능력이 없다는 것을 스스로 잘 알고 있는 것이다. 이 세상에 그 누구도 "부처님께 맹세코 서약하건대..."라고 말하는 사람은 없다. 왜 그런가? 그래봤자 자기 말에 아무런 무게도 실리지 않는다는 것을 알기 때문이다. 이것은 부처에게는 아무 권위가 없다는 것을 다들 잘 알고 있다는 반증이다. 세상에 공자에 대고 맹세하는 사람도 없고, 힌두교의 브라만 신에 대고 서약하는 사람도 없다. 공자나 브라만 신에게 그만한 권위가 없다는 것은 부처나 마찬가지라는 것을 사람들이 모두 알고 있기 때문이다.

그러나 문제는 인간이 어떤 권위를 끌어다가 자신의 말이나 결의에 아무리 무게를 실어봤자, 그것이 반드시 이행된다는 보장은 그 어디에도 없다는 데 있다. 인간은 빈약하고 변덕스러우며 무엇보다도 기만적인 데다가 무엇보다도 내일 일을 알지 못하기 때문이다. 그런데 하물며 거기에 하나님이라든가 하늘의 권위를 함부로 갖다 붙여서야 되겠는가?

5:13 너희 가운데 고난받는 자가 있느냐? 그는 기도할 것이요, 즐거워하는 자가 있느냐? 그는 시로 노래할지니라.

14 너희 중에 병든 자가 있느냐? 그는 교회의 장로들을 청할 것이요, 장로들은 주의 이름으로 그에게 기름을 붓고 그를 위하여 기도할지니라.

15 믿음의 기도는 병든 자를 구원하리니 주께서 그를 일으키시리라. 그가 죄들을 범했어도 그것들을 용서해 주시리라.

16 그러므로 너희는 서로 잘못들을 자백하고 치유를 위하여 서로 기도하라. 의인의 효과적이고 열렬한 기도는 역사하는 힘이 많으니라.

『너희 가운데 고난받는 자가 있느냐? 그는 기도할 것이요, 즐거워하는 자가 있느냐? 그는 시로 노래할지니라』(13절).

그야말로 간단한 질문에 간결한 응답이다. 당신은 고난을 당하고 있는가? 그렇다면 당신이 할 일은 지극히 간단하다. 『**기도할 것**』!

당신은 행복한가? 역시 당신이 할 일은 단 한 가지 하나님을 찬양하는 『**시로 노래할지니라**』!

여기에 무슨 복잡한 사설을 늘어놓으면서 이러쿵저러쿵 여러 소리할 필요가 없다. 그리스도인은 세상에서 고난받더라도 영적으로는 지극히 행복한 사람이다. 그래서 그리스도인이 할 일은 기도하고 찬양하는 일뿐이다.

『너희 중에 병든 자가 있느냐? 그는 교회의 장로들을 청할 것이요, 장로들은 주의 이름으로 그에게 기름을 붓고 그를 위하여 기도할지니라. 믿음의 기도는 병든 자들을 구원하리니 주께서 그를 일으키시리라. 그가 죄들을 범했어도 그것들을 용서해 주시리라』(14,15절).

모든 은사주의 "치유 장사꾼들"은 본문 14,15절을 어긴다. 만일 이 구절이 그리스도의 몸 안에 있는 "교회 장로들"에게 어떤 적용이 가능하다면(벧전 5:1,2, 딤전 5:17,19), 당신은 "치유자들"을 "환자에게로" 데려와야 할 것이다. 환자는 교회 건물이나 다른 어떤 곳에 있는 "그들에게로" 가지 않는다. 반대로 은사주의자들은 환자들을 자기들에게 불러 모으는 비성경적인 일을 벌이고 있다.

본문의 말씀은 "교회 시대"에도 적용이 가능하다. 이들은 "집회"(synagogue)가 아닌 『**교회의 장로들**』이기 때문이다(야고보서 2:2과 그 주석 참조). 그래서 치유를 위해 권장되는 과정은 이렇다. 당신이 병이 들어 앓고 있다면, 당신이 다니는 교회의 목사들을 집으로 초청하여 그들에게 기도해 달라고 부탁하라. 그러면 그 영적 지도자들은 초청에 응하여 병자의 집에 찾아가 『**주의 이름으로 그에게 기름을 붓고 그를 위하여 기도할지니라.**』는 말씀대로 행하게 된다. 『**주의 이름**』은, 그 환자가 이방인이라면 "아버지와 아들과 성령"일 것이고(행 10:48, 마 28:19), 유대인이라면 『예수 그리스도』(행 2:38) 혹은 『주 예수』(행 19:5)가 될 것이다. 평소에 기도를 많이 하고 늘 하나님과 교제하며 주님과 동행하는 삶을 살고 있는 교회의 영적 지도자들이 여럿 모여서 병자의 치유를 위해 하나님께 기도하면, 그 기도에는 능력이 따르게 된다. 다음 16절에서도 이 점을 선명하게 강조하고 있다. 『**의인의 효과적이고 열렬한 기도는 역사하는 힘이 많으니라.**』

16절에 보면 또, 기도하되 무턱대고 기도만 하는 게 아니다. 병을 치유키 위해서는 『**서로 잘못들을 자백하고 치유를 위하여 서로 기도하라.**』고 명하고 있다. 이것이 성경적 치유의 방식이다. 이것을 무시하고 여기에서 벗어나면 오순절파 은사주의자들처럼 치유를 한답시고 난장판이 벌어지게 돼 있다. 성도들 가운데 누가 몸이 아파 누워 있는 사람이 있으면, 우리는 그에게 찾아가 둘러앉아서 서로가 하나님께 잘못을 낱낱이 자백한다. 그러고 나서 몸이 아파 누워 있는 형제를 위해 열렬히 기도한다. 이것이 치유를 위한 『**효과적**』인 기도 방식이다.

모든 카톨릭 성경들은 비성경적인 "고해성사"를 정당화하기 위해서 16절의 『**잘못들**』(faults)을 "죄들"로 변개시켜 버렸다. 모든 현대적이고 부패하고 마귀적인 "더 명확한" 역본들은 로마를 따르고 있다.

병든 사람이 치유 받기 위해서 취해야 될 조치는 이렇다.

당신이 몸이 아파 누워 있다. 이때 먼저 할 일은 당신부터 기도하는 것이다. 설사 병원 의사에게 치료를 의뢰할지라도 당신은 늘 하나님께 기도해야 한다. 역대기하 16장에 보면 유다 왕 아사는 병이 들자 의사에게 치료를 맡긴 채 하나님께 기도하지 않는 바람에 그냥 죽고 만다(대하 16:12,13).

아사왕은 아마도 발병쯤이야 하나님께 기도할 필요가 없고 의사에게 맡기면 그만이라고 생각했던 모양이지만, 그 바람에 죽고 말았다. 그러니까, 당신도 살고 싶으면 먼저 하나님께 치유를 구하라. 나도 몸이 아프면 아무리 가벼운 병이라도 제일 먼저 하나님께 기도한다. 그런 다음, 내 경우에는, 병원 의사에게 찾아가기 전에 집에서 내가 자체 제조해 놓은 구급약을 먼저 쓴다. 솔직히 말해서, 아사왕이 앓았던 발병 정도라면 내게는 문제될 게 하나도 없다. 하나님께 기도하고 내가 만든 연고를 좀 바르면 나을 테니 말이다. 어떤 사람들은 어디가 조금만 아파도 부르르 떨면서 병원으로 달려가거나 약국으로 뛰어가지만, 그러면서도 기도는 하지 않는다. 그리스도인이면서도 말이다. 그리스도인으로서 평소에 늘 기도하는 버릇이 든 사람이라면 웬만한 병쯤에 그렇게 법석을 떨 필요가 없다는 게 내 생각이다.

요즘 현대인들은 한 마디로 모두가 한결같이 "약 벌레"들이다. 이것도 물론 TV가 초래한 아주 고약한 현대병이지만, 잠이 조금만 안 와도 얼른 알약을 한 알 꿀꺽 삼킨다. 조금만 두통이 생겨도 또 무슨 알약을 하나 입에 털어 넣는다. 재채기 한 번하고는 무슨 큰 일이라도 생긴 것처럼 또 무슨 약인가를 먹는다. "복음"이 무언지 하나도 모르는 자들이 "복용"만큼은 어찌 그렇게도 잘 아는지 모르겠다. 당신이 몰라서 그렇지, 언제 기회가 있으면 약물에 대한 의학 책을 한번 읽어보라. 그리고 세상에 나와 있는 약 치고 몸에 해롭지 않은 약이 하나라도 있는지 한 번 찾아보라. 화학적으로 제조한 현대 의약품 치고 한 가지 작용을 하면 반드시 무인가 다른 부작용이 없는 약은 하나도 없다. 어쨌든 약은 적게 먹을수록 좋다는 게 내가 해줄 수 있는 경고다. 그 반면에 기도는 많이 할수록 좋다는 게 또한 내 충고다.

자, 내 말은 그러니까, 몸이 아프면 첫째 기도하라는 것이다.

어떤 때는 기도해도 잘 낫지 않는 경우가 물론 있다. 그러면 병원 의사를 찾아가라. "신유"라는 허무맹랑한 거짓말을 퍼뜨리는 자들은 병자가 의사를 찾아가는 것을 백안시하지만, 의사는 예수 그리스도께서도 그 필요성을 인정하셨다는 것을 잊지 말라. 내말이 믿어지지 않는다면 마태복음 9:12을 읽어 보라.

『**건강한 사람들에게는 의사가 필요 없지만 병든 사람들에게는 필요하니라.**』

병든 바울 역시 그 곁에는 의사 누가가 있었다.

『**사랑하는 의사 누가와 데마가 너희에게 문안하느니라**』(골 4:14).

1972년 버지니아 주의 어느 은사주의자는 마가복음 16장의 말씀대로 하다가 아들과 함께 독사에게 물려 죽은 사건이 발생했다.

『**믿는 자들에게는 이러한 표적들이 따르리니, 즉 내 이름으로 그들이 마귀들을 쫓아내고 또 새 방언들로 말하리라. 그들은 뱀들을 집을 것이요, 어떤 독을 마실지라도 결코 해를 입지 않을 것이며, 병자에게 안수하면 그들이 회복되리라**』(막 16:17,18). 이 말씀이 교리적으로 어느 시대에 적용되는지 알지 못했던 그 철부지는 독사를 손으로 집고 아들에게도 독사를 손으로 집어 들게 하였다가 그 뱀에게 물려 그 자리에서 둘 다 죽고 말았다.

이와 유사한 사고는 미국만 해도 심심찮게 일어나는데, 얼마 전 앨라배마 주에서는 어린 소년이 길에서 트럭에 치였다. 때마침 그 소년의 아버지가 그 광경을 보았는데, 트럭 운전사가 그 아이를 안고 병원으로 달려가려는데 은사주의 목사였던 소년의 아버지가 그것을 허락하지 않고 아들을 그 자리에 눕혀 놓으라고 소리치는 것이었다. 자기가 안수기도해서 소년을 살려 일으키겠다는 것이었다. 잠시 실랑이가 벌어졌지만, 트럭 운전사는 하는 수 없이 그들을 남겨 놓은 채 경찰서로 달려가 신고하고 도움을 청했다. 교통경찰이 앰뷸런스로 현장에 달려와 보니 소년은 이미 숨이 넘어가고 있었다. 앰뷸런스에 싣고 병원으로 달려갔지만 때는 이미 늦었다. 소년의 아버지였던 목사가 무모한 짓만 하지 않고 트럭 운전사의 말대로 당장 병원으로 달려갔더라면 살릴 수 있었는데도 그 소년은 은사주의 목사였던 아버지의 허무맹랑한 "믿음" 때문에 희생당하고 말았던 것이다. 사건 후 트럭 운전사는 기소되지 않았다. 그는 할 도리를 다 했다는 것이었다. 그 소년은 그릇된 비성경적인 은사주의 맹신 때문에 목숨을 잃었던 것이다. 사람을 살린답시고 그 누구도 주님께서 마련해 놓으신 것을 무시할 권리는 없다. 의사와 의학도 하나님의 은총이라는 것은 상식에 속하는 일이요, 이것을 모를 사람은 없다. 그런데도 은사주의자들처럼 그것을 부인하고 거부하는 것은 주님을 내쫓고 그 자리에 자신들이 들어서려고 하는 자들이다. 『**의사가... 병든 사람들에게는 필요하니라.**』고 주님께서는 분명히 말씀하셨다. 일생 동안 병을 지니고 있던 바울 곁에 의사 누가가 늘 붙어 있어야 했던 것은 바로 이 때문이었다. 바울이 숨을 거둘 때 그의 곁에는 의학박사 누가 혼자서 임종을 지키고 있었다.

병에 따라서는 의사도 못 고치는 수가 얼마든지 있다. 그러나 하나님께 기도하기를 멈추지는 말라. 낫지 않으면 기도하고 또 기도하라. 그리고 교회에 연락해서 목사를 비롯한 영적 지도자들을 청하라. 그리고 그들이 함께 모여 당신의 치유를 위해 열렬히 기도하라고 성경이 명하고 있음을 가볍게 생각지 말라. 이것이 당신이 취할 일의 순서다.

『믿음의 기도는 병든 자를 구원하리니 주께서 그를 일으키시리라. 그가 죄들을 범했어도 그것들을 용서해 주시리라』(15절).

이 구절의 말씀으로 미루어 죄들이 때에 따라서는 당신의 병과 관련이 있을 수도 있다는 데에 주목하라. 만약 당신이 죄를 범했다면, 그 결과가 병으로 나타날 수도 있다는 얘기다. 물론 모든 경우에 죄로 인하여 병을 앓게 되는 것은 아니다. 예를 들면, 바울은 일생을 두고 병을 앓았던 사람이다. 그러나 그렇다고 해서 바울의 병이 그의 죄로 말미암은 것이라고 말할 수는 없다. 나는 바울에게 자백하지 않은 죄가 숨어 있었다고는 결코 생각지 않는다. 다른 사람은 몰라도 바울만은 그렇지가 않았다는 것을 나는 의심치 않는다.

『믿음의 기도는 병든 자를 구원하리니 주께서 그를 일으키시리라.』 14절에서는 『**믿음의 기도**』가 『**교회의 장로들**』이 와서 드리는 기도였고, 16절에서는 『**서로 잘못들을 자백하고 치유를 위하여 서로 기도**』하는 그런 기도다.

요즘 기독교 방송이나 TV를 보면, 하루의 방송 프로를 마치면서 은사주의자들이 나와서는 소위 “믿음의 기도”라는 것을 드린다. 과거의 은사주의자들 가운데 신유를 행하는 자들은 요즘의 신유자들보다는 한결 용감했다. 그들은 요즘 사람들보다 더 우습기는 했지만, 반면에 훨씬 더 용기 있고 과감했던 게 사실이다. 내가 구원받았던 1940년대 중반에만 해도 은사주의자들이 신유 집회를 열면 요즘처럼 로스앤젤레스에서 열리는 집회를 캔자스 주에 사는 병자들이 라디오나 TV를 시청하면서 "원격 조정"에 의한 치료를 받는 게 아니라 직접 집회에 참여하여 신유자 앞에서 호되게 얻어터지거나 호통을 받아가며 치료를 받았는데, 아닌 게 아니라 널리 선전한 대로 그 자리에서 병이 낫는 사람들도 적지 않았다. 신유자가 병자를 앞에 세워놓고 "이 더러운 마귀야! 당장 떠나가지 못해?" 하고 버럭 고함을 지르면서 손바닥으로 이마를 냅다 밀어젖히면 병자는 얼굴이 파래질 만큼 겁에 질려 비명을 지르면서 뒤로 벌렁 나가자빠지곤 했는데, 그런 사람들 가운데 앓고 있던 지병이 치료되었다고 증언한 사람들이 꽤 많았다. 물론 그 사람들이 끝까지 병이 재발하지 않고 자기 수명대로 건강하게 살다가 죽었는지 여부에 대해서는 알려진 바가 없지만 말이다. 이러한 옛 시대의 신유자들이 요즘 은사주의 신유자들보다 더 용감했다고 내가 말하는 까닭은 결과야 어떻게 되든 아무튼 사람들이 모여 있는 현장에서 병자들을 직접 대면하고 신유를 감행했다는 점에서 하는 말이다.

또, 이런 신유 행위를 통하여 병 고침을 받는 병자가 없지 않았다는 사실은 하나도 이상할 것이 없는데, 예수 그리스도의 흉내를 내는 일이라면 천재적인 소질을 가진 마귀가 이런 흉내쯤 내지 못할 리가 없기 때문이다.

요즘에는 은사주의들이 스튜디오 방송 마이크나 TV카메라 앞에서 신유를 행하면서 청취자 내지 시청자들로 하여금 라디오나 TV 화면에 손을 대고 소위 "믿음의 기도"를 통한 신유의 영향력을 "전파"로 받도록 하는 게 보통인데, 나는 병자들이 손으로 라디오나 TV 뒷면의 전기 단자들을 만지는 바람에 감전사라도 당하는 사고가 발생할까봐 여간 마음을 졸이는 게 아니다. 아닌 게 아니라 밥 그레이 같은 목사는 이런 해괴한 짓을 행하는 자들을 조롱하면서 "기왕 손을 대려면 손을 물에 흠뻑 적신 후 라디오 뒤의 단자를 만져라. 아마 짜릿할 것이다."라고 권했지만 말이다. 이런 “원격 조종” 형식의 신유 행위를 행하는 요즘의 은사주의자들은 사람들이 모여 있는 현장도 아닌 곳에서 병자를 직접 대면하지도 않기 때문에 신유의 결과가 어떻게 되든 걱정할 필요가 없는지라, 옛 시대의 신유자들 만큼 용기가 없는 요즘의 애숭이 신유자들에게는 여간 편리하고 안전한 게 아니다. 게다가 요즘의 신유자들은 옛날 사람들처럼 버럭버럭 고함을 친다든지, 두 눈을 부릅뜨며 병자를 노려본다든지, 머리통을 손바닥으로 세게 친다든지 하지 않는다. 요즘에는 신유자들의 말투부터 나긋나긋 여간 부드러워진 게 아닌데, 아마 이런 경향은 캐더린 쿨만의 영향을 받았기 때문이 아닌가싶다.

예전 같으면 신유 현장에서 신유자가 병자를 노려보는 눈초리로 보나, 고래고래 소리지르는 광경으로 보나, 신유자에게 가격 당해 꽈당꽈당 병자들이 뒤로 나가자빠지는 광경 등으로 보아 마치 프로 레슬링을 관전하고 있는 듯한 느낌이었는데, 요즘에는 이런 우스꽝스러우면서도 과감한 장면을 구경하기가 힘들다. 요즘에는 모두들 캐더린 쿨만의 방식대로 처녀 무당의 주문 같은 애잔한 방언 말씨로 아주 부드럽게 행하는 신유가 유행이다. 그런가 하면 또, 라디오나 TV의 신유 집회 프로그램도 아주 여성화 되어서 처음에는 “찬양과 경배” 순서를 통하여 신나는 록음악 풍의 노래잔치를 벌린 뒤, 목사가 나와 한바탕 설교를 하고 난 다음, 맨 나중에 소위 “믿음의 기도”라는 순서를 통하여 신유를 행하는 게 보통이다. 이 순서가 진행되는 동안 시청자나 청취자는 라디오나 TV에 손을 대고 신유 기도를 받는 것이다. 음악의 분위기로 보나, 설교의 내용으로 보나, 신유라는 이름의 원격 조종 푸닥거리로 볼 때, 처음부터 끝까지 맹랑하기 짝 없는 마귀의 장난에 불과하다는 것이야 두말할 필요도 없다.

은사주의자들이 행하는 이런 신유 행위를 통하여 병자가 치료되어

병상에서 일어나건, 못 일어나건, 신유자는 사실상 하나도 걱정할 필요가 없는데, 병자가 치료되지 않으면 그가 믿음이 부족해서 그런 것이라고 얼마든지 핑계를 댈 수 있기 때문이고, 또 아닌 게 아니라 요즘 은사주의 신유자들이 그렇게 핑계 대는 게 보통이다. 그러니까, 신유를 믿고 덤볐다가 병원 의사의 적절한 도움을 받을 기회마저 박탈당한 채 병자가 억울하게 죽어도 할 말이 없다. 바로 여기에 문제가 있다.

『**믿음의 기도는 병든 자를 구원하리니 주께서 그를 일으키시리라**.』 주님께서 치료자시라는 것은 의심의 여지가 없다. 그래서 『**믿음의 기도**』는 절대로 필요하고 믿음의 사람들이 모여 한 마음으로 드리는 기도를 주님께서는 들으신다. 주님께서는 기적적인 방법으로 병을 고쳐 주실 수도 있고, 좋은 의사를 만나 좋은 치료를 받도록 하심으로써 병을 고치도록 주선해 주실 수도 있으며, 의사에게 치료의 능력을 더해 주셔서 효과적인 치료의 길을 열어주실 수도 있다. 그러나 어떤 경우건, 중요한 것은 믿음의 기도다.

내가 실제로 아는 파나마 시티의 한 여자는 뇌종양을 앓게 되어 생명이 위태롭게 되었는데, X레이 촬영에서도 뇌종양이 뚜렷하게 찍혀 나왔지만 막상 수술하려고 뇌를 절개하고 보니, 종양이 있던 자리는 분명히 육안으로도 볼 수 있었지만 종양 자체는 간 곳 없이 사라져버려 의사들이 깜짝 놀랐다. 그녀는 지금까지 건강하게 살고 있다. 그녀가 뇌종양이라는 진단을 받고 수술 날자가 잡힌 뒤 그녀 자신이나 그녀의 가족들이 믿음의 기도를 드렸던 것은 물론이고 그녀가 다니는 교회의 믿음의 역군들이 한 자리에 모여 뜨거운 믿음의 기도를 드렸던 것 역시 두말할 나위가 없었다. 이를 본 주변의 모든 사람들 가운데 주님께서 자신들의 열렬한 기도를 들어주셨다는 것을 의심하는 사람은 하나도 없었다. 당신이 이것을 믿지 않으면, 주님께서도 치유의 권능을 행사하실 수가 없다. 『**그리하여 거기에서는 불과 몇 사람의 병자에게 안수하여 고쳐 주신 것 외에는 다른 능력 있는 일들을 행하실 수 없었더라. 주께서 그들이 믿지 않으므로 이상히 여기시고, 마을들을 두루 다니시며 가르치시니라.**』(막 6:5,6)라고 성경도 기록하고 있다. 사람들은 성경을 읽으면서 이 구절에 이르러서는 어쩐지 조심스러워져서 슬쩍 피해 가려고 하지만, 사람들이 『**믿지 않으므로**』 예수 그리스도께서 『**권능을 행하실 수 없었더라.**』는 말씀을 그렇게 송구스럽게 여길 필요가 하나도 없다. 당신이 믿지 않으면, 주님께서는 당신에게 권능을 행하실 수가 없다는 것은 당연하다.

얼마 전 벤 제임스라는 내 친구 부인이 유방암으로 병원에 입원하게 되었는데, 어찌나 환자가 태연했던지 병원 의사들이나 간호원들이 오히려 당황할 정도였다. 담당 의사는 질병의 심각성에 대해 그녀에게 상세히 설명해 주고 중환자실로 옮겨 대수술을 받을 준비를 해야된다고 말했지만, 그녀는 조금도 흔들리지 않고 "좋을 대로 하세요. 나는 조금도 무섭지 않으니까요." 하고 오히려 의사를 위로해줄 정도였다. 중환자실로 옮겨간 다음 날에도 담당 간호사가 단단히 마음의 준비를 하라고 조언해 주었지만, 이것은 오히려 환자를 조금이라도 불안하게 해보려는 시도에 지나지 않았다. 그러나 그녀는 조금도 불안해하거나 마음이 흔들리지 않은 채 "무슨 말씀인지 충분히 알아들었으니 걱정하지 마세요. 저는 모든 준비가 돼 있답니다. 하나님께서 부르시면 언제라도 하늘나라에 갈 마음의 준비가 돼 있어요." 하고 태연히 말하는 것이었다. 그녀가 이렇게 태연할 수 있었던 것은 다만 그녀가 믿음을 갖고 있었기 때문이었지만, 그 믿음이란 것이 수술이 성공할 수 있도록 하나님께서 반드시 도와주시리라는 그런 믿음의 차원을 넘어서 하나님께 자신을 온전히 맡겨드린 그런 온전한 믿음이었고, 이런 믿음으로 그녀는 하나님을 찬양하며 기도를 드리고 있었던 것이다.

마침내 수술 날자가 되어 의사들이 집도했지만, 하루 전까지만 해도 분명히 있었던 암 조직은 발견되지 않았다. 그녀는 지금도 건강하게 살고 있다. 이처럼 생명을 위협하는 중한 병에 걸리고서도 태연할 수 있다는 것은 결코 운명에 굴복한 데서 나오는 패배의식의 결과가 아니다. 설사 병으로 죽는 한이 있더라도 믿음을 버리지 아니하고 끝까지 믿는 자로서의 품위를 지킬 줄 아는 사람이라면 그는 많은 경우에 하나님의 시험을 성공적으로 통과할 수 있는 승리자다. 아주 심각한 질병을 진단받고 나서 울고불고 야단법석을 떨며 추한 꼴을 보이는 것은 구원받지 못한 사람이나 구원받았더라도 어린애 같은 젖먹이 수준밖에 되지 못한 사람이나 나타내는 반응이다. 성숙한 그리스도인이라면 모든 것을 하나님께 맡긴 사람이기에 여하한 경우에도 그리스도인다운 자세를 잃지 않는 법이다. 믿음이란 어떤 일이 일어나더라도 모든 것을 하나님께 돌릴 줄 아는 것을 말한다.

『그러므로 너희는 서로 잘못들을 자백하고 치유를 위하여 서로 기도하라. 의인의 효과적이고 열렬한 기도는 역사하는 힘이 많으니라』 (16절).

여기서 『**잘못들**』(faults)이란 무슨 신체적 결함이라든가, 행위로 범한 죄라든가, 악한 행위 같은 것을 의미하는 게 아니라, 구원받고 그리스도인이 되고 나서도 그 이전부터 내면에 잠재해 있던 일종의 "성질"이나 "기질," 또는 "성벽" 같은 것으로서, 죄를 범할 소지가 다분히 있는 내면적 결함을 말한다. 이 내면적 결함이 행동으로 표출되어 죄를 범하거나 그리스도인으로서 바람직하지 않은 어떤 태도를 지니게 되지는 않았을지라도, 본인은 자신 속에 들어 있는 어떤 "성벽"이 결코 좋은 게 아니라는 것은 알기 마련이다. 따라서 여기서 말하는 『**잘못들**』이란 구원받지 못한 죄인들의 속성과는 상관이 없다. 이 『**잘못들**』은 그리스도인의 어떤 개별적인 행동이나 특정한 죄를 구성하는 요소는 아니지만, 역시 『**잘못들**』인지라, 옳은 게 못 된다. 그래서 그리스도인은 자신 속에 내재해 있는 이 내면적인 결함을 결코 망각해서는 안 된다. 언제 이 기질이 구체적인 행동으로 표출되어 죄를 짓게 될지 모르기 때문이다. 그러면서도 별로 신경 쓰지 않고 걱정되지도 않는 게 또 이 『**잘못들**』인지라 그리스도인들은 여기에 부담을 느끼지 않는 게 보통이다.

5:17 **엘리야는 우리와 같은 성정에 속한 사람이지만, 비가 오지 않기를 간절히 기도하였더니 삼 년 육 개월이나 땅에 비가 오지 않았고,**

18 **다시 기도하였더니 하늘이 비를 내려 땅이 열매를 내었느니라.**

19 **형제들아, 너희 가운데 누가 진리를 떠나 과오를 범할 때 누군가가 그를 회심하게 한다면**

20 **그 죄인을 자신의 잘못된 길에서 돌아서게 하는 그 사람은 한 사람의 혼을 사망에서 구원하게 될 것이며, 수많은 죄들을 덮게 되리라는 것을 그로 하여금 알게 하라.**

『엘리야는 우리와 같은 성정에 속한 사람이지만, 비가 오지 않기를 간절히 기도하였더니 삼 년 육 개월이나 땅에 비가 오지 않았고,』(17절).

이 구절을 표면적으로만 보면 야고보가 지금 열왕기상 17장과 18장의 엘리야에 대해 언급하고 있는 것처럼 보이지만, 사실은 대환란 기간 후반기 삼 년 반 동안에 있게 될 일을 언급하고 있는 것이다. 여기 17절의 엘리야는 대환란 기간에 등장하게 될 엘리야를 말한다. 그리고 18절의 『**비**』는 앞서 7절에서의 『**이른 비와 늦은 비**』와 맥을 같이 한다. 『**이른 비와 늦은 비**』에 대해서는 7절에서 상세히 공부했으므로 다시 한번 더 살펴보기 바란다.

『다시 기도하였더니 하늘이 비를 내려 땅이 열매를 내었느니라』(18절).

이 구절에서 『**땅이 열매를 내었느니라.**』는 말씀은 실제적인 농사 수확을 일컬을 뿐만 아니라 이스라엘 민족의 회복을 의미하기도 한다.

『형제들아, 너희 가운데 누가 진리를 떠나 과오를 범할 때 누군가가 그를 회심하게 한다면 그 죄인을 자신의 잘못된 길에서 돌아서게 하는 그 사람은 한 사람의 혼을 사망에서 구원하게 될 것이며, 수많은 죄들을 덮게 되리라는 것을 그로 하여금 알게 하라』(19,20절).

이 두 구절의 해석과 적용을 둘러싸고 많은 혼란이 있기 때문에 주의를 요하거니와, 그 중에서도 19절의 『**누가 진리를 떠나 과오를 범할 때 누군가가 그를 회심하게 한다면**』이라는 부분을 "그리스도인이 구원받았다가 죄를 짓고 구원을 상실하게 된 사람이 있을 때, 그를 회심시켜 다시 구원을 회복하게 한다면" 식으로 터무니없이 해석하는 자들을 경계하는 게 중요하다.

이를테면, 어떤 사람들은 이 구절을 이렇게 읽는다. 『**형제들아, 너희**

가운데 누가...』, 즉 "형제들아, 너희 가운데 한 형제가..."

다시 말해서, "그리스도인 형제들아, 너희 가운데 누구라도 구원받은 한 형제가..."라고 읽는 것이다. 그러니까, 19절은 "그리스도인 형제들아, 너희 가운데 누구라도 구원받은 한 그리스도인 형제가 진리를 떠나 과오를 범하여 구원을 상실했을 때, 누군가가 그를 회심하게 한다면," 즉 "구원을 상실한 그리스도인 형제를 누군가가 회심시켜 다시 구원을 회복토록 해 준다면..." 이것이 그들이 19절을 읽는 방식이다.

그들은 20절도 터무니없이 비틀어 읽기는 마찬가지다.

『**그 죄인을 자신의 잘못된 길에서 돌아서게 하는 그 사람은**...』에 대해서는 "그리스도인이었다가 구원을 상실해 버렸을 때, 그 잘못된 길에서 그 죄인을 다시 구원의 길로 돌아서게 하는 사람은..."이라고 읽으며, 『**한 사람의 혼을 사망에서 구원하게 될 것이며**』라는 말씀은 "지옥으로 갈 수밖에 없게 된 그 사람의 혼을 지옥으로부터 구출하게 될 것이며," 라고 말한다.

그러니까, 그리스도 안에 들어와 있는 "형제"도 구원을 상실할 수 있고, 그 결과 그리스도인도 지옥으로 가게 될 위험이 있다는 것이다. 그러나 당신이 그를 회심시켜 다시 구원받도록 할 수 있다는 것이 이들의 해석인 것이다.

이 구절에 대한 올바른 해석법은 아주 간단하다. 여기서 『**형제들아,**』 하고 야고보가 부르고 있는 "형제들"이 이스라엘 열두 지파라는 사실을 잊지만 않으면 되는 것이다. 그러니까, 『**누가 진리를 떠나 과오를 범할 때**』에서의 『**누가**』란 대환란 시대의 유대인이고, 『**누군가가 그를 회심하게 한다면**』에서의 『**누군가**』 역시 대환란 시대에 살고 있는 『**누군가**』인 것이다. 이 구절들에서 "형제"란 요한의 경우에서처럼 유대인 형제를 말한다. 유대인들에게 보낸 서신서에서 "형제"라고 말했을 때, 그것이 "유대인 형제"를 일컫는다는 것은 자명하다. 마태복음 25장을 보라. 마태복음 25장은 "엘리야의 비"가 막 내린 뒤이고, 주님께서 방금 재림하셔서 보좌에 앉아 계신 대환란 끝을 언급하는 장이다. 마태복음 25:40을 보면 "형제"가 누구인지 분명하게 드러난다. 『**그러나 왕이 대답하여 그들에게 말하기를 '진실로 내가 너희에게 말하노니, 여기 내 형제들 가운데 가장 작은 자 하나에게 한 것이 곧 나에게 한 것이니라.' 하리라.**』

이 구절에서 왕께서 『**내 형제들**』이라고 지칭하고 있는 것은 대환란 시대의 유대인이다. 재림하신 주님께서 대환란 기간 중 다른 민족이 유대인들에게 어떻게 대우하였던가를 따지는 부분이 마태복음 25장이다.

유대인을 일컬어 주님께서 『**내 형제들**』이라고 지칭하셨던 것은 마태복음 28:10에서도 발견된다. 『**그러자 예수께서 그들에게 말씀하시기를 "두려워 말라. 가서 나의 형제들에게 갈릴리로 가라고 말하라. 그리하면 그들이 거기서 나를 보리라."고 하시더라.**』

물론 경우에 따라 "형제들"을 영적으로 적용하여 그리스도인들을 지칭하는 것으로 받아들일 수 있다는 것은 두말할 나위가 없다. 주님께서도 『**내 모친과 형제들은 하나님의 말씀을 듣고 그것을 행하는 사람들이라.**』(눅 8:21)고 말씀하신다. 이런 구절에서 "형제들"을 그리스도인이라고 하는 것은 두말할 것도 없이 영적인 적용에 해당한다.

그러나 여기 야고보서 5장에서 언급되는 "형제들"이란 혈로나 육으로 볼 때의 유대인, 바로 그들을 지칭하는 것이다. 그러므로 본문은 대환란 때의 유대인 개개인들에게 회심을 말하는 구절인 것이다.

피터 럭크만의 주석서

야고보서

2001년 3월 26일 초판1쇄
2015년 1월 10일 개정판1쇄

지은이 피터 S. 럭크만
옮긴이 편 집 부
펴낸이 이 송 오
펴낸곳 말씀보존학회

서울시 강서 우체국 사서함 제90호
전화 (02) 2665-3743 / 팩스 (02) 2665-3302
인터넷 / www.biblemaster.co.kr
출판등록 1988. 12. 12. 제16-223호

값 8,000 원